FACULTÉ DE DROIT DE L'UNIVERSITÉ DE PARIS

ESSAI D'UNE THÉORIE GÉNÉRALE DES AUTORISATIONS ADMINISTRATIVES

THÈSE POUR LE DOCTORAT

(SCIENCES POLITIQUES ET ÉCONOMIQUES)

Présentée et soutenue le lundi 26 novembre 1923, à 3 h. 1/2

PAR

François PROMSY

Diplômé de l'École libre des Sciences politiques

Président : M. JACQUELIN, *professeur*

Suffragants { MM. ROLLAND, *professeur*
MESTRE, *professeur*

PARIS

JOUVE ET Cie, ÉDITEURS

15, Rue Racine, 15

1923

THÈSE

POUR

LE DOCTORAT

FACULTÉ DE DROIT DE L'UNIVERSITÉ DE PARIS

ESSAI
D'UNE THÉORIE GÉNÉRALE
DES
AUTORISATIONS
ADMINISTRATIVES

THÈSE POUR LE DOCTORAT
(SCIENCES POLITIQUES ET ÉCONOMIQUES)

Présentée et soutenue le lundi 26 novembre 1923, à 3 h. 1/2

PAR

François PROMSY
Diplômé de l'École libre des Sciences politiques

Président : M. JACQUELIN, *professeur*
Suffragants { MM. ROLLAND, *professeur*
MESTRE, *professeur*

PARIS
JOUVE ET Cie, ÉDITEURS
15, Rue Racine, 15

1923

La Faculté n'entend donner aucune approbation ni improbation aux opinions émises dans les thèses ; ces opinions doivent être considérées comme propres à leurs auteurs.

BIBLIOGRAPHIE

BERTHÉLEMY. — Traité élémentaire de droit administratif, 9ᵉ édition, 1921.

DE BEZIN. — Autorisations et approbations de tutelle. Thèse, Toulouse, 1906.

BINDING. — Die Gründung des Norddeutschen Bunds. Leipzig, 1888,

BRONDI. — L'Atto complesso nel diritto publico (Studii giuridici dedicat e offerti a Francesco Schupfer nelle ricorrenza del XXXV anno del suo insegnamento Diritto Odierno. Torino, 1898).

COFFINIÈRES. — Traité de la liberté individuelle. Paris, 1866.

COTELLE. — Droit administratif. Paris, 1862, 3ᵉ édition.

DUCROCQ. — Cours de droit administratif. Paris, 1897, 7ᵉ édition.

DUFOUR. — Traité général de droit administratif appliqué.

DE GRATTIER. — Commentaires de la presse, 1847.

GUILLOUARD. — Notion juridique des actes d'exécution des autorisations et des concessions. Thèse, Caen, 1903.

HAURIOU. — Précis de droit administratif et de droit public, 9ᵉ édition, 1919.

JACQUELIN. — Une conception d'ensemble du droit administratif. Brochure. Paris, 1899, Giard, éd.

— Les principes dominants du contentieux administratif. Paris, 1899.

JÈZE. — Les principes généraux du droit administratif, Paris, 1914.

— Science des finances et législation financière française, 5ᵉ édition, 1912.

JOUET. — Les clubs. Thèse, Paris, 1891.

LAFERRIÈRE. — Traité de la juridiction administrative et des recours contentieux, 2ᵉ édition, 1896.

LE FUR. — Revue gén. d'administration, tome XXXIV, 1911.

LARNAUDE. — Bulletin de législation comparée, 1902.

MAGISTRY (Léopold et A.). — Traité général sur l'application de la nouvelle législation des établissements classés. Paris, 1923. Dépôt au siège de l'association des établissements classés.

MORGAND. — La loi municipale (Commentaire de la loi du 5 avril 1884), édition 1917.

RANELETTI. — Theoria generale delle autorizzazioni e concessioni amministrative, I Concetto et natura, II Capacita e volunta, III Facolta da esse create. Torino, 1894, 1897.

Recueil de l'Académie de législation de Toulouse, passim.

REGRAY. — Des faits de jouissance privative dont le domaine public est susceptible. Thèse, Paris, 1900.

RENARD (Georges). — Cours élémentaire de droit public.

ESSAI
D'UNE THÉORIE GÉNÉRALE
DES
AUTORISATIONS
ADMINISTRATIVES

PRÉLIMINAIRE

§ 1. — Nature juridique

« Même ceux qui restreignent le plus le rôle de l'Etat ne contestent pas qu'il ait le droit et même le devoir d'assurer la sécurité de la collectivité. » (1) Mais, dans cette mission, il se heurte aux droits individuels. Le droit de propriété, la liberté du domicile, le droit de réunion sont inviolables. Toutefois, il convient de ne pas s'égarer sur le caractère de cette inviolabilité ; l'Etat peut distinguer le droit de l'exercice. Le droit de se faire enterrer hors des cimetières communaux reconnu d'ailleurs par l'article 14 du décret du 23 prairial an XII ne peut être exercé qu'après une autorisation du maire. La liberté du commerce et de l'industrie maintes fois affirmée n'empêche pas l'existence de lois réglementant l'exercice de cette liberté. C'est ainsi que la loi du 24 juillet 1816 et plus récemment celle du 14 juillet 1860 exigent une autorisation préalable pour la fabrication d'armes de guerre. Une loi du 24 mai 1834 a également institué une autorisation préalable pour la fabrication et la vente des munitions chargées.

Cette distinction entre la capacité de jouissance et la capacité d'exercice est très importante en droit civil. En principe, la faculté de jouissance d'un droit et l'aptitude à l'exercer sont confiées par la loi à un même titulaire... Il arrive cependant

---

1. Guillouard.

que, pour des raisons d'incapacité du sujet, le législateur désire ajouter quelque garantie à une volonté qu'il estime débile. Dès lors, il reconnaîtra à une personne la faculté de jouir d'un droit sauf à lui dénier celle de l'exercice qui sera remise à un autre titulaire.

Toute autre est l'hypothèse qui va nous amener jusqu'à la figure juridique de l'autorisation. Ici nous ne sommes plus en présence de volontés débiles mais de sujets qui par leur nature sont pleinement capables. Il peut arriver, cependant, que par le jeu des circonstances ces sujets viennent en exerçant leurs droits à léser des intérêts dont il va falloir organiser la protection. Le législateur arrive à ce but par la décision qu'il prend de subordonner, à une condition, l'exercice du droit.

Les dispensaires publics d'hygiène sociale et de préservation antituberculeuse sont institués par décret. Mais le fonctionnement de ces établissements est affecté d'une condition suspensive. La loi du 15 avril 1916 dispose que l'autorisation de fonctionner dépend d'un arrêté du préfet intervenant après inspection des locaux et vérification de l'aptitude du personnel (art. 3).

Arrivé à ce point, il semble qu'on puisse tenter de donner une définition de la figure juridique qui nous occupe.

L'autorisation est une mesure de contrôle, exercée dans l'intérêt général, et affectant d'une modalité, la volonté exprimée par les individus ou les assemblées. C'est, en principe, aux autorités gouvernementales qu'il appartient de dire si cette volonté initiale peut sans inconvénients produire toute son efficacité juridique.

Théories allemandes du Gesammtakt

Nous venons de présenter l'autorisation comme une protection d'un intérêt autre que l'intérêt immédiat de celui qui est astreint à solliciter cette mesure. Cette conception postule que l'autorisation est un acte administratif séparé. L'école juridique allemande de la fin du XIXe siècle part d'une tout autre base et ne comprend l'autorisation que comme une collaboration à l'œuvre entreprise par l'individu ou l'assemblée, et constatée par une demande régulière. Mais, cela signifie que chaque élément ou déclaration individuelle perd son individualité. De l'ensemble naîtrait un nouveau corps distinct des manifestations de volonté qui se sont affirmées précédemment.

Voilà donc l'acte complexe ou Gesammtakt des Allemands. Seulement, la terminologie est devenue tout de suite plus compliquée du jour où on a tenté d'expliquer comment se produit la fusion des volontés individuelles (die Verschmelzung des Einzelwillen). Il fallut alors compter, d'une part les partisans de la Vereinbarung, et, de l'autre, ceux du Gesammtakt.

Pour les théoriciens de la *Vereinbarùng*, Binding, Jellinek, la fusion de volonté ne peut résulter d'un contrat ; celui-ci procède nécessairement de déclarations de volonté de contenu opposé (inhaltlich entgegengesetzen). Les auteurs y insistent beaucoup : ils disent encore que, dans le contrat, la volonté n'est jamais une, alors que dans la Vereinbarùng il y a parallélisme entre la volonté des unionistes. A d'aide d'exemples choisis dans le droit international, ils ont montré l'identité des motifs des parties dans la Vereinbarùng, Binding citant à ce propos la fondation de la confédération de l'Allemagne du Nord (1).

Un auteur italien (2) à ce sujet n'hésite pas à dire que le croisement de volonté est la caractéristique du contrat, tandis que le parallélisme de volonté est à la base de l'acte complexe.

Un fossé profond sépare donc le contrat de l'acte complexe. Les auteurs allemands sentent, cependant, qu'il faut arriver à indiquer l'élément qui permet la fusion des déclarations de volonté. Ils posent alors ce principe d'après lequel la Vereinbarùng serait une fusion de volonté produite par ce fait que tous les auteurs tendent à réaliser le même but. Nous évoluons toujours autour du parallélisme de volonté précédemment dénoncé. Triepel, à ce sujet, donne sa définition, qui pèche par une accumulation de termes par trop voisins « une volonté commune résultant d'une union de volontés obtenue par la nécessité d'arriver à une union de volontés (ein zù einer Willenseinheit durch Willenseiniging Zusammengeflossener Gemeinsville) ».

Ces données ne nous font pas avancer d'un pas. Il faudrait démontrer que des déclarations de volonté tendant à réaliser un but unique (ce qui n'est qu'un aspect du problème) finissent par fusionner en une nouvelle déclaration complexe indépendante des précédentes, ensuite que cette fusion crée entre les volontés un lien juridique. Autant d'objections qui nous forti-

---

1. Binding. *Die Gründung des Norddeutschen Bunds*. Leipsig 1888, p. 69.
2. Brondi.

fient dans notre opinion que l'autorisation est un acte administratif séparé.

Que nous importent, dès lors, les comparaisons avec le contrat. L'effet de celui-ci est de créer, disent-ils, une situation juridique subjective, ne faisant jamais naître une règle de droit objectif, l'effet de ce droit se produisant par la seule volonté des parties et parce qu'il est voulu conformément à une règle de droit antérieure et extérieure au contrat ; au contraire, d'après Jellinck, la Vereinbarùng crée une situation de droit objectif. Pour les auteurs allemands, au contraire, cette insistance est essentielle car ils ajoutent généralement (Binding, Triepel) que la suppression de la théorie de la Vereinbarùng rend obscure certaines questions de droit, comme l'exercice par plusieurs personnes d'un pouvoir législatif ou réglementaire possédé en commun. C'est se réfugier en quelque sorte dans le domaine du postulat.

Les partisans de la théorie du *Gesammtakt* se séparent du groupe précédent. Ils ne considèrent pas le parallélisme de volontés d'un côté, et le but unique vers lequel elles tendent de l'autre, pour conclure à la force juridique de l'acte qui réalise ce but. Le critérium auquel ils s'attachent pour déclarer qu'il y a un acte nouveau, c'est celui de l'action commune. Les auteurs de déclarations de volonté concourantes agissent ensemble, voilà ce qu'il faut souligner et ce qui explique l'emploi du mot Gesammtakt ou Collectivakt. C'est par une action d'ensemble, en vue de produire un unique résultat, que les volontés finissent par constituer une sorte de bloc possédant cette « rechtlich bindende Kraft », cette force juridique capable de lier. En somme, cette théorie procède par affirmations et non par démonstrations. Comme pour la doctrine précédente, nous sommes arrêtés par cette notion de fusion de volontés, dont la littérature juridique allemande ne peut présenter une explication suffisante. De plus, ne s'éloigne-t-on pas ici des actes complexes en précisant que, s'il y a plusieurs volontés, il n'y a qu'un seul sujet, d'où une seule action(1).

Parmi les exemples, assez nombreux, qui illustrent les deux études juridiques de la Vereinbarùng et du Gesammtakt on trouve méthodiquement rangées les autorisations administratives (2).

---

1. Objection de Triepel, *Volkerrecht und Landerecht* Leipsiz, 1899, p. 70, § 11.
2. Les exemples se répartissent en quatre groupements. Les autorisations administratives sont mentionnées en second lieu.

On serait très heureux de trouver dans la documentation allemande un critérium pratique de la nature juridique de ces autorisations. Malheureusement on ne peut faire profit d'explications inachevées et trop réservées en ce qui touche le phénomène de la fusion, « Verschmelzüng », des volontés.

Distinction des autorisations et des actes d'exécution

Divers esprits se sont efforcés de séparer les autorisations de toute idée parasitaire et, par là même, ils ont été amenés à leur opposer, les actes d'exécution. L'on part de cette idée que le pouvoir d'apprécier peut être laissé à l'exécutif, ou dans l'hypothèse inverse lui être dénié si totalement, qu'il n'ait à accomplir qu'un acte de constatation. Dans le premier cas, on sera en présence de l'autorisation ; dans l'autre alternative, il faudra un nom pour qualifier des fonctions toutes spéciales d'ordre exécutif. C'est alors que des auteurs (1) ont proposé le terme d'actes d'exécution en voulant désigner ainsi des actes confirmatifs de droits antérieurs.

Pour ne pas rester au point de vue uniquement théorique auquel se placent ces auteurs, on peut citer quelques dispositions de législation positive, qui semblent augmenter l'intérêt de la thèse soutenue. C'est d'abord la loi du 3 mai 1844, consacrant le droit pour l'individu d'obtenir du préfet un permis de chasse. Le permis, délivré dans ces conditions, intervient simplement pour attester que le particulier en question ne tombe pas sous le coup des déchéances prononcées par les articles 6, 7, 8, de la loi. Plus probante encore, est la loi du 5 juillet 1844 sur les brevets d'invention. De l'ensemble de ses dispositions, il résulte que le brevet est une simple constatation : « Ce droit est constaté par des titres délivrés par le gouvernement » dit l'article 1er § 2 de la loi. « Les brevets dont la demande aura été régulièrement formée, seront délivrés, sans examen préalable aux risques et périls des demandeurs » précise, de son côté, la loi du 7 avril 1902. Ranelletti, devant cette formule de 1902, ne manquerait pas de dire que s'il y avait eu un examen préalable comportant des recherches sur l'illégalité ou le caractère dangereux de l'invention, il aurait classé la loi parmi celles qui utilisent le procédé de l'autorisation administrative. C'est enfin la loi du 15 février 1902 qui donne des indications valables pour

1. Ranelletti.

es agglomérations de 20.000 habitants et au-dessus. Aucune habitation ne peut être construite sans un permis du maire constatant que, dans le projets qui lui a été soumis, les conditions de salubrité, prescrites par le règlement sanitaire, sont observées. Vainement, objectera-t-on, l'article 12 de la même loi qui a trait à l'autorisation tacite. Il ne faut pas que le terme employé dans l'article précité nous abuse il s'agit bien là d'un acte d'exécution et non d'une autorisation proprement dite. En se pénétrant des principes qui dominent la distinction proposée, on voit sans peine qu'il faut mettre en exergue le mot « constatant » et dire que le maire certifie, atteste la conformité des mesures prises par l'administré, avec celles qu'il a ordonnées. Les pouvoirs du maire résultent ici d'une combinaison de la loi du 5 avril 1884, article 97, et de la loi du 15 février 1902, article 1er, § 1 et 2.

Quelle est la valeur pratique de cette terminologie ? Il est certain que dans tous les cas de législation positive, déjà cités, il ne peut être parlé d'autorisation. On aurait pu cependant trouver une expression plus heureuse que celle d'actes d'exécution. Elle semble, en effet, ignorer qu'il est, parmi les actes administratifs, une infinie variété de catégories. Le principe de la hiérarchie ne s'applique pas seulement aux personnes, mais aussi aux actes pour lesquels il faut distinguer souvent un pôle inférieur et un pôle supérieur. La formule en question unifie tout cela.

Elle n'a même pas l'excuse d'apporter une simplification à la question des autorisations. Aux termes de la loi du 28 mai 1858, il faut une autorisation préalable pour la construction de digues dans les vallées déclarées submersibles. Un auteur de l'époque, Cotelle, ajouta que « le délai dans lequel la déclaration aurait dû être examinée étant fixé par le règlement d'administration publique, si ce délai expire sans observations, les travaux pourront commencer. Il n'en serait pas de même s'il s'agissait d'une autorisation (1) ». Cotelle, dans ce passage et avant la lettre, a touché à la distinction de Raneletti. Naturellement, il s'est trompé. Pour lui, ce n'est pas une autorisation, et pourtant elle en contient une tacite. Mais il faudrait, d'après l'auteur italien, prouver que, dans ce texte de 1858 où l'autorisation tacite est reconnue et réglementée, on a enlevé, du même coup, tout pouvoir d'appréciation à l'administration. Or cela n'est pas, Cotelle a fait erreur et la loi du 28 mai 1858 institue

1. Cotelle, *Droit administratif*, Paris. 1862, 3e édition.

bien une véritable autorisation. Mais, pour arriver à ce résultat, il semble qu'il suffisait de lire les principaux articles de la loi ; l'idée d'actes d'exécution, appliquée ici, entraîne à des raisonnements assez compliqués et tout à prendre inutiles.

Théorie des actes-conditions

Se préoccupant de faire œuvre de classification, un auteur de droit public (1) répartit dans ses ouvrages les actes juridiques en plusieurs catégories : « 1° actes législatifs ou réglementaires ; 2° actes créateurs de situations juridiques individuelles : actes unilatéraux ou contractuels ; 3° actes-conditions, qui sont la condition d'application à un individu d'un status légal ; 4° actes juridictionnels. »

Sous la dénomination des actes-conditions, M. Jèze s'est réservé de dégager les caractères essentiels des opérations supposant une procédure. D'autres, sur cette question, n'ont pas été au delà d'une rapide mention. « Finalement, notre attention se fixe sur les opérations à procédure et sur les phénomènes spéciaux de consentement qui s'y produisent, phénomènes que nous caractérisons comme étant de l'assentiment plutôt que du consentement ; de l'adhésion au fait, plutôt que du consentement donné à ces actes (2). »

Parmi les actes-conditions, M. Jèze relève l'autorisation en ajoutant qu'elle ne crée rien par elle-même qu'elle est impersonnelle : « pour l'individu qui l'a obtenue il se trouve soustrait au régime impersonnel de l'interdiction d'activité et placé sous le régime juridique impersonnel de la liberté d'agir (3). » Il y a, en quelque sorte, deux lignes parallèles A B et B C et un point mobile x figurant l'individu. On appellera autorisation, retrait d'autorisation, refus d'autorisation, les décisions qui feront, suivant le cas, passer le point mobile d'une ligne à l'autre ou le forceront à rester orienté sur la ligne A B qui, par hypothèse, est celle de l'interdiction.

Nous tombons tout à fait d'accord avec l'auteur en question pour reconnaître que l'autorisation est une condition. Cela résulte de la définition même que nous avons tenté de donner. Seulement, écrivant un traité général et non une monographie,

1. Jèze, *Principes généraux du Droit adm.* Paris, 1914, 2ᵉ édit., p. 19 bas.

2. Hauriou, *Principes du Droit public*. Paris, 1910, p. 145 bas.

3. Jèze, *op. cit.*, p. 528.

M. Jèze n'a pas cru devoir s'attarder à établir des cloisons entre les différents actes-conditions. Cela pourrait causer une petite gêne si, puisant dans les principes généraux qui dominent la théorie exposée, le lecteur ne pouvait, lui-même, opérer les distinctions nécessaires. « L'autorisation ne crée rien par elle-même », tel est le critérium du savant professeur dont on peut faire usage pour se trouver en harmonie avec Ranelletti (1).

Examen des textes

Il est certain que les textes de lois ne donnent qu'une contribution très faible à l'étude du problème qui nous occupe. Cependant, en matière d'autorisation de plaider, on a, à certaines époques, pris soin d'affirmer qu'il s'agit là de matières administratives non contentieuses. Un tel exposé de principe existe dans la loi du 18 juillet 1837 article 50. Cette disposition se trouve reproduite dans l'article 123 de la loi municipale de 1884. Le pourvoi des communes (2) contre les arrêtés des conseils de préfecture contenant refus d'autorisation de plaider est « introduit et jugé selon la forme administrative ». Cela est logique puisque le conseil de préfecture exerce, en la matière, des actes de tutelle administrative, et non des actes de juridiction. Cette manière de voir fut partagée encore par l'ordonnance du 18 septembre 1839, article 17, § 4. Sous la rubrique des matières administratives non contentieuses on rangeait, alors, les autorisations de plaider dont il vient d'être question.

Les conséquences à tirer de là sont qu'il n'est pas nécessaire de constituer un avocat au conseil, pour introduire une pareille demande. Il suffit d'un mémoire ou d'une lettre signée par le maire et adressée au conseil d'Etat.

C'est donc de bonne heure qu'on a tenu compte en législation de la nature juridique spéciale des autorisations. Le décret du 25 janvier 1852 faisait, à cet égard, une distinction entre le mode d'instruction et de jugement des matières conten-

1. Cet auteur, *op. cit.*, p. 43, prend soin de donner deux définitions : la concession suppose la création d'un droit dont le sujet juridique avait seulement la possibilité ; l'autorisation consiste à fixer des limites et par conséquent à transformer un droit potentiel en actuel.

2. Hypothèse de 1837. La loi du 8 janvier 1905 a fait œuvre de décentralisation en supprimant l'autorisation du conseil de préfecture pour les actions judiciaires des communes (art. 123 nouveau).

tieuses (titre III du décret) et les formes administratives qui supposaient absence d'audience publique, de plaidoiries d'avocat, et de conclusions du commissaire du gouvernement. L'article 8 de ce décret fut appliqué maintes fois, en ce qui concerne les projets d'autorisation de poursuites contre les agents du gouvernement (art. 75 de la constitution du 22 primaire an VIII). Ces projets étaient préparés, non par la section du contentieux, mais par la section de législation.

Cependant, nous restons persuadé que l'ensemble des textes qui se sont succédés en France, ne fournit qu'un champ assez limité en ce qui touche la figure juridique des autorisations. Pour se former une opinion précise il est nécessaire de s'en tenir à peu près exclusivement aux données de la doctrine.

§ 2. — Evolution historique des autorisations

I. — Conception historique

Sous sa forme la plus large, le régime de droit équivaut à la liberté sans restrictions, sauf la mise en jeu éventuelle de la responsabilité disciplinaire, civile ou pénale.

Tout autre est la préoccupation de l'intervention par voie préventive dont le principe est de ne pas attendre les effets nuisibles d'un acte, pour en rendre responsable son auteur. Par là même, l'individu se trouve placé sous un régime exclusif de liberté, et ce seront les prohibitions ou défenses itératives, les autorisations administratives ou législatives. A cet ordre d'idées, se rattachent encore la censure, autorisation, elle aussi, bien que donnée quotidiennement, et le cautionnement qui déguise sous un mode financier une inspiration toujours identique.

Grâce à un maniement habile des restrictions préventives, le régime des libertés politiques ne connut pas, pendant tout le siècle dernier, les conséquences bienfaisantes des principes exprimés sous la Révolution. C'est ainsi que la conception historique du système préventif, et particulièrement de l'autorisation, nous apparaît avec toute sa force, conception politique, à n'en pas douter, et sans cesse en opposition avec les promesses des Constitutions.

Les droits publics individuels peuvent, quant aux possibilités d'intervention de l'Etat, être divisées de la façon suivante :

1° Liberté du moi englobant cette portion de la conduite d'une personne qui ne regarde et n'affecte qu'elle-même (J. St. Mill). Exemples : liberté de conscience et inviolabilité du domicile ;

2° Liberté à réaction individuelle, lorsque le nombre des individus, soumis à cette réaction, est assez limité. Exemple : liberté d'enseignement ;

3° Liberté à réaction collective. Il existe, à cet égard, une trinité bien connue, elle est formée de la liberté d'association, de la liberté de réunion et de la liberté de la presse. Cette trinité ne fut consacrée que fort tard, justement parce que l'exercice de telles libertés rapproche beaucoup l'individu de l'Etat.

L'examen rapide des textes montre bien que c'est sur le terrain politique que les gouvernements ont entendu se placer lorsqu'ils édictaient leurs prohibitions et autorisations.

La liberté d'association semble être un instant accordée. Si la Déclaration des droits de 1789 ne la désigne pas, l'article 62 de la loi du 4 décembre 1789 s'explique suffisamment à ce sujet : « les citoyens ont le droit de s'assembler paisiblement et sans armes en assemblée particulière ». Cette formule est peu différente de celle, utilisée par la loi des 13-19 novembre 1790 : « l'Assemblée Nationale déclare que les citoyens ont le droit de s'assembler paisiblement et de former entre eux des sociétés libres » (1).

Arrivé à ce point, on s'attend à ce que des lois subséquentes viennent rendre effectives les proclamations révolutionnaires. C'est tout le contraire qui se produit. Les abus commis par les clubs à cette époque, permettent de comprendre le revirement des articles 360 et suivants, de la Constitution du 2 fructidor an III (22 août 1795) : « Il ne peut être formé de corporations ni d'associations contraires à l'ordre public » (art. 360). « Aucune assemblée de citoyens ne peut se qualifier de société populaire » (art. 361). « Aucune société particulière s'occupant de questions politiques, ne peut correspondre avec une autre, ni s'affilier à elle » (art. 362). Déjà une loi des 30 septembre, 9 octobre 1791 avait spécifié que « nulle société nul club, nulle association de citoyens ne peuvent avoir sous aucune forme une existence politique ».

Lorsque parut l'article 291 du Code pénal, on passa du régime de la prohibition à celui de l'autorisation. Sous l'aspect d'une règle générale, qui ne connaît pas de catégories politiques, l'in-

1. Voir aussi Constitution du 3 septembre 1791, titre 1er. Dispositions fondamentales. Le décret du 7 thermidor, an V, prohibe provisoirement toutes « sociétés s'occupant de questions politiques. »

tention du gouvernement se fait jour. Dans un certain sens, l'autorisation sera facilement accordée, nous avons nommé les associations non politiques. C'est toujours le système des catégories, sauf qu'on use de la figure juridique de l'autorisation pour opérer la discrimination. La loi du 10 avril 1834 complètera l'œuvre en prévenant les moyens d'éluder l'application stricte de l'article du Code pénal.

Toutefois, la loi de 1834 ne s'applique pas aux simples réunions. « On n'a jamais confondu, disait M. Hervé lors de la discussion de la loi, le droit de se réunir avec la faculté de s'associer : se réunir c'est vouloir s'éclairer et penser ensemble ; s'associer, c'est vouloir se concerter, se compter et agir. » Il ne faut pas accepter cette protestation pour son entière valeur, car il est manifeste que les lois comprises entre la Révolution et 1840, environ, se préoccupent fort peu d'établir une ligne de démarcation entre l'association et les réunions. Une telle distinction permit à l'opposition, sous Louis-Philippe, d'organiser la campagne des Banquets réformistes, qui devait aboutir à la Révolution de février.

Mis en éveil par ce succès, les gouvernements useront, à l'avenir, vis-à-vis des réunions, des mêmes méthodes employées avec profit contre les associations. On reparle encore de ces dernières dans le décret du 28 juillet 1848 (1), article 13, par lequel on entend prohiber toutes les sociétés secrètes quel que soit leur but. Mais on vise aussi l'hypothèse où l'association se combine avec la réunion. Les clubs, en effet, sont des associations dont les réunions sont publiques et se composent à la fois d'associés et d'auditeurs (2). Le régime est alors celui de la liberté réglementée : déclaration préalable à l'autorité, interdiction d'adresses de club à club. Quelques années plus tard, en 1852, on élargit la portée de l'autorisation en déclarant « les articles 291, 292 et 294 du Code pénal et les articles 1er, 2 et 3 de la loi du 10 avril 1834, applicables aux réunions publiques, de quelque nature qu'elles soient, aussi bien qu'aux associations » (3). Cette autorisation revêt un caractère politique, que la loi suivante, du 6 juin 1868, tient à faire ressortir. Pour les réunions publiques, on adopte le principe de la division : les réunions politiques ou religieuses restent soumises à l'autorisa-

1. Abrogé par le décret du 25 mars 1852, sauf en ce qui concerne l'art. 13.
2. Sur les clubs : Alphonse Jouet. Paris, 1891 (thèse).
3. Décret du 25 mars 1852.

tion ; les autres réunions ne sont pas astreintes à ce mode d'informer (1). Le même système, qui procède par catégories, est adopté par le texte du 30 juin 1881 : on supprime l'autorisation préalable pour les réunions publiques (art. 1er), mais, dans un article 7, on stipule que « les clubs demeurent interdits ». Il faut donc arriver au 1er juillet 1901 pour voir confondues sous une même abrogation (art. 21) certaines des dispositions qui viennent, un moment, de retenir notre attention.

Pour la liberté de la Presse, on peut constater la même évolution que pour la liberté d'association. A la suite de proclamations constitutionnelles, des mesures réglementaires interviendront. Les promesses faites solennellement (2) seront, en pratique, très peu observées.

Les modalités, imaginées par les différents gouvernements, pour placer la presse sous un régime préventif, sont les mêmes que celles utilisées en matière de réunions et d'associations. Cependant, outre la prohibition et l'autorisation administrative on a prévu à certaines époques un cautionnement pour fonder un journal. Il y eut d'abord des mesures à caractère éphémère tel l'article 35 de la loi du 15 fructidor an V (5 sept. 1797) « pendant un an les journaux... sont mis pour l'inspection de la police », telle la loi du 28 février de l'an VIII « le ministre de la police ne laissera, pendant la durée de la guerre, imprimer, publier et distribuer que les journaux désignés » (suit la liste des journaux).

Plus durables, furent des institutions comme celle de la censure (3) (décret du 5 mars 1810). Puis, avec les lois de 1819, 1822, 1829, 1849, on observe que la presse politique seule est soumise à une réglementation spéciale dont est affranchie la presse non politique. En 1819, tout journal consacré en tout ou

1. Art. 5 de la loi.

2. Déclaration du 25 août 1789, art. 11 : « Tout citoyen peut parler, écrire, imprimer librement, sauf à répondre de l'abus de cette liberté dans les cas déterminés par la loi ». Déclaration de 1793, art. 7 : « Le droit de manifester ses pensées, ses opinions, soit par la voie de la presse, soit de toute autre manière... ne peuvent être interdits ». Cf. également Charte de 1814, art. 8. Charte de 1830, art. 8. Constitution de 1848, art. 8.

3. Un sieur Cottu, magistrat, fut à un moment en difficulté avec la censure ; il publia une brochure dans laquelle il présentait ainsi son cas : « La censure, qui a permis l'insertion dans un journal, d'un article dont un citoyen se trouve offensé, peut-elle se refuser à l'insertion de la réponse ; et, dans ce cas, n'est-elle pas passible des dommages et intérêts obtenus contre le journal par le citoyen offensé ? » Cf. Coffinières. *Traité de la liberté individuelle.* Paris, 1866, t. II, p. 291.

en partie aux matières politiques est tenu d'une déclaration et d'un cautionnement ; de plus, l'imprimerie doit être dûment autorisée (loi du 9 juin, art. 1er). En 1822, on penche pour l'autorisation du roi (loi du 17-18 mars). L'article 1er de la loi du 18 juillet 1828 supprimera cette exigence. Par une rédaction habile, contenue dans l'article 3, on restreint le cautionnement aux journaux politiques.

A partir de 1848, on élargit la notion de presse politique. Sont englobés dans la suspicion gouvernementale « tous les écrits traitant de matières politiques ou d'économie sociale » (loi du 27 juillet 1849) « tout article de discussion politique, philosophique ou religieuse inséré dans un journal » (loi du 16 juillet 1850, art. 3) « tout journal ou écrit périodique traitant de matières politique ou d'économie sociale » (Décret du 17 février 1852). Cette méfiance se traduit en 1849 par la formalité du double dépôt, en 1850 par un remaniement du cautionnement et en 1852 par la valeur nouvelle, octroyée à l'autorisation, qui s'applique désormais aux journaux étrangers.

Toutes ces réglementations, basées, sur la détermination de faire un traitement de faveur aux journaux non politiques, aux réunions littéraires ou artistiques, aux associations consacrées au même but, oublient de poser la question de la ligne des démarcations possibles qui sépare les matières politiques, de celles qui ne le sont pas. Quelques esprits pensent, d'ailleurs, avec une certaine apparence de raison, qu'un tel départ est très difficile à opérer. « Supposez (1) qu'on accuse un journal, habituellement consacré aux sciences historiques... d'avoir par des applications adroites et indirectes, parlé politique dans des dissertations historiques sur les diverses natures de gouvernement. Quel est le juge qui pourra déclarer en son âme et conscience, que c'est là, parler politique? » Cette réflexion permet de comprendre pourquoi, après la loi de 1822, on recherchait si l'ensemble (2) des articles publiés par un journal n'accusait pas

---

1. *Moniteur universel*, 6 juin 1828, discours du ministre De Vatimesnil.

2. *Quid des nouvelles?* « Une nouvelle constitue une « matière politique », si de sa nature elle est politique » De Grattier, *Commentaires de la presse*, 1847, t. II, p. 137. « Les matières politiques comprennent... même la simple annonce « des élections municipales et de celles de la garde nationale », ajoute un autre auteur. Cf. également Cour de cass., 2 septembre 1841 D. 1841, 1.436.

Quid de l'expression économie sociale ? Tribunal de Carpentras, 24 mars 1845 D. P. 1855, 1.381 « par matière d'économie sociale dont ne « peuvent traiter les journaux sans cautionnement, il faut entendre dans

une certaine tendance. Il y avait extension de compétence au delà du cercle tracé en quelque sorte par la dispense d'autorisation.

Le texte même de l'article 75 de la Constitution de l'an VIII, laisse présager toute la valeur politique que l'on pourrait donner à cette autorisation. La réalité devait dépasser les prévisions. Il suffit de rappeler brièvement un épisode qui se place sous l'empire libéral.

Le prince Henri d'Orléans, duc d'Aumale, était l'auteur d'une Histoire des prince de Condé pendant le XVIe et le XVIIe siècle. L'éditeur avait effectué sa déclaration au ministère de l'Intérieur, et le tirage était commencé. Le 19 janvier 1863, un commissaire de police procéda à la saisie des feuilles imprimées, et prévint toute tentative de continuation du travail. Assigné devant le tribunal de la Seine en restitution des volumes saisis, le préfet de police déclina la compétence de l'autorité judiciaire. Puis, se ravisant, il invoqua le bénéfice de l'article 75 de la Constitution de l'An VIII. Le tribunal de la Seine se rangea à cette manière de voir ; la Cour d'appel confirma et la Cour de cassation rejeta le pourvoi. Curieux d'utiliser toutes les voies, même les plus détournées, le duc d'Aumale sollicita du Conseil d'Etat l'autorisation nécessaire depuis l'an VIII pour entamer des poursuites. L'arrêt du 31 mars 1866 porte que « la saisie a été pratiquée par le préfet de police, usant de ses pouvoirs de gardien de la sûreté publique ; qu'au surplus, il a agi en vertu d'ordres précis du ministre secrétaire d'État de l'Intérieur », bref, l'autorisation fut refusée !

II. — Conception moderne

La législation positive actuelle est basée sur la suppression de l'autorisation administrative en matière de droits publics individuels. Cette réforme implique l'absence de toute distinction entre les matière politiques et celles qui sont dépourvues de ce caractère :

Envisagée à ce point de vue, on peut admettre que la période moderne commence en 1868. A cette date, en effet, l'autorisation disparaît pour les journaux et les distinctions s'effacent

---

« son sens le plus large toutes les questions qui se rattachent à l'organi-
« sation de la société ».

Sensu lato, toutes les questions se rattachent à l'organisation de la société.

(art. 1er de la loi du 11 mai 1868). En 1881, par deux lois votées à un mois de distance, on élèvera à la hauteur d'un principe l'abandon de l'autorisation. « Tout journal ou écrit périodique peut être publié, sans autorisation préalable, et sans dépôt du cautionnement après la déclaration prescrite à l'article 7 (art. 5, loi du 29 juillet 1881). — « Les réunions publiques sont libres. Elles peuvent avoir lieu sans autorisation préalable, sous les conditions prescrites par les articles suivants » (art. 1er, loi du 30 juin 1881). Des catégories limitativement énumérées par les lois précédentes, il n'est plus question. L'un emporte l'autre, d'ailleurs. Le principal c'était l'autorisation ; les distinctions ne furent imaginées que pour permettre à cette modalité du régime de police de prendre une signification politique. L'abrogation de l'article 75 de la Constitution de l'an VIII, intervenue le 19 septembre 1870, indiquait déjà l'intention avérée du gouvernement, de ne plus employer, pour certains droits, la formule, en quelque sorte négative, de l'autorisation.

Faut-il donner une valeur absolue aux indications de la législation moderne, et voir là une réaction contre les abus qui se sont produits dans la première partie du siècle dernier? Certains esprits n'ont pas voulu aller jusque-là ; ils ont rattaché l'effort législatif en question à une doctrine nouvelle : dans la réglementation des droits publics individuels, on s'attache moins aujourd'hui à l'objet de ces droits qu'à la forme qu'ils revêtent. Le problème, a-t-on dit, n'est pas de savoir si tel journal est, ou n'est pas politique, mais bien si telle ou telle publication est, ou n'est pas un journal. Dans le même ordre d'idées, on peut alléguer que la loi de 1901 étudie l'association, moins dans son esprit, que dans son organisme (1). Nous demeurons persuadé qu'il y a eu à la fois changement de méthode de rédaction et changement d'idées, le fond évoluant autant et plus que la forme.

Si dans de nombreuses lois on fait encore place au régime préventif, il ne peut s'agir que des voies préventives améliorées.

L'idée d'amélioration se concentrera autour du mot « droit » exprimant lui-même un commencement de formes.

---

1. « Toute association peut se former librement, sans autorisation ni déclaration, quel que soit son but, pourvu, cependant, qu'elle n'ait pas un objet illicite, contraire aux lois, aux bonnes mœurs et qu'elle ne porte atteinte ni à l'intégrité du territoire national, ni à la forme républicaine du gouvernement » (art. 2 et 3).

Le système des oppositions peut être placé dans ce cadre du préventisme amélioré. On décide parfois, que pour exercer une activité donnée, il faut une déclaration. L'administration est censée réfléchir pendant un certain temps, au bout duquel, faute par elle d'avoir exprimé sa manière de voir, on peut passer à l'exécution. Ce régime n'est pas très favorable à la liberté, parce qu'avant l'expiration du délai, l'autorité supérieure peut faire opposition à la prétention de l'individu. Tout dépend, d'ailleurs, de la façon dont l'interdiction est pratiquée. Dans la législation moderne l'opposition présente les garanties suivantes :

1° Elle n'est pas péremptoire, c'est-à-dire qu'elle peut être discutée devant un tribunal quelconque ;

2° Elle ne peut être formée que pour des cas limitativement énumérés (1).

Cette méthode est suivie en matière d'enseignement, tant pour l'ouverture d'une école privée, que pour l'ouverture d'un établissement d'enseignement secondaire ou supérieur. Pour ne citer que l'article 20 de la loi du 12 juillet 1875 (2), le Procureur de la République seul peut faire opposition à l'ouverture d'un établissement libre d'enseignement supérieur. Il a, pour cela, un délai de dix jours, et ne doit présenter sa réclamation, que si elle rentre dans les deux cas précis mentionnés dans la loi : 1° Lorsque les déclarations indiquent comme professeur une personne légalement incapable ; 2° lorsqu'elles contiennent mention d'un sujet contraire à l'ordre public ou à la morale. L'opposition est jugée par le Tribunal civil.

Sous le second Empire, la loi du 6 juin 1868 avait utilisé ce procédé contre les réunions électorales, mais chose tout à fait exorbitante, l'opposition était péremptoire.

De ce système des oppositions on peut rapprocher, l'autorisation non plus discrétionnaire mais ne pouvant être refusée que pour des causes déterminées, avec recours possible, en cas de refus, devant une juridiction administrative. Tel est le cas des Sociétés de secours mutuels approuvées ; loi du 1er avril 1898, article 16.

---

1. Cf. dans le *Recueil de l'Académie de législation de Toulouse*, t. IV, 1919-1920, p. 33, le texte du projet de loi sur les fondations :

Art. 6. — L'opposition ne peut se fonder que sur un ou plusieurs des motifs ci-après : 1° Intérêt de l'ordre public et des bonnes mœurs ; 2° inutilité de la fondation ; 3° insuffisance, ou exagération des ressources par rapport au but proposé.

2. Consulter pour l'ouverture d'une école privée les art. 33, 37, 39 de la loi du 28 mars 1882.

On peut également faire d'utiles réflexions sur ce fait nouveau, que la motivation, formalité substantielle, exigée dans les décisions de l'autorité judiciaire, s'est introduite dans les mesures de pure administration, comme les autorisations. Lorsqu'un établissement veut bénéficier de l'une des exceptions, prévues à l'article 34, livre II du Code du travail, il doit engager une procédure qui se termine par un arrêté motivé du préfet. Le vœu de la loi n'est pas observé, si le préfet se borne à affirmer, par une formule de style, que l'établissement ne satisfait à aucune des conditions exigées par la loi (1). Enfin, la circulaire ministérielle du 3 septembre 1906 indique que les dérogations doivent être définies dans les termes employés par la loi sous les lettres : *a*), *b*), *c*), *d*), de l'article 2 (du texte du 13 juillet 1906).

Les œuvres qui font appel à la générosité publique furent, de par la loi du 30 mai 1916, article 4, soumises à une autorisation ; mais une garantie précieuse leur était réservée en ce qui concerne le retrait : « La Commission, sur l'avis de laquelle l'autorisation est accordée, ne peut proposer le retrait de l'autorisation que dans des avis motivés et elle doit avoir invité, au préalable, les représentants de l'œuvre à fournir leur défense » décret du 18 septembre 1916.

Une méthode de rédaction analogue se retrouve dans le décret réglementaire du 13 juin 1910 concernant l'application de la loi du 11 avril 1908 sur la prostitution des mineurs : le retrait d'autorisation des établissements privés susceptibles de recevoir les mineurs passibles de l'application de la loi s'effectue « par arrêté ministériel motivé, rendu après avis du comité des inspecteurs généraux, et de la section compétente du Conseil supérieur de l'Assistance publique ».

Dans tous ces textes, se révèle, en outre, la nécessité, avant d'accorder l'autorisation (2), de s'entourer d'enquêtes, d'instructions, d'avis, de conseils techniques. Lenteurs, pertes de temps, diront certains. Non pas. A bien analyser, tout vice de forme est un cas d'ouverture du recours pour excès de pouvoir. D'où il suit que plus il y aura de formes (sauf cependant à ne pas créer des surcharges inutiles), plus sera satisfaite cette tendance du droit public français à faciliter le recours pour excès de pouvoir. Une décision discrétionnaire ne l'est pas, si l'on

1. Cons. d'Etat, 30 nov. 1906, aff. Armand et Jacob (*Gaz. Pal.*, 8 déc. 1906).
2. Ou hypothèse inverse, avant de retirer l'autorisation.

peut relever un vice de forme. Les dérogations à la règle du repos hebdomadaire sont accordées, par le préfet, mais il y a avis du Conseil municipal de la Chambre de commerce et des syndicats patronaux et ouvriers. Les arrêtés doivent viser les avis des corps et organisations consultés. Une décision prise avec avis de la Commission départementale remplaçant le Conseil municipal serait, par exemple, annulée.

Pour clore cette discussion sur la conception moderne de l'autorisation administrative, il conviendrait de donner quelques précisions concernant les améliorations apportées au régime des suspensions de liberté. On nommera suspension l'autorisation révoquée que pour un certain temps, au bout duquel la liberté sera rendue. En 1852, avant la suppression définitive d'un journal, il intervenait une suspension de publication pour une durée de deux mois (Décret du 17 février 1852, art. 32). — La durée (1) n'est pas indiquée dans le cas visé à l'article 34 de la loi du 10 décembre 1917 relative aux établissements dangereux, insalubres ou incommodes. Le préfet peut suspendre provisoirement les autorisations accordées aux établissements de 1re et de 2e classe. Il se basera sur l'inobservation de certaines conditions essentielles, qui ont été imposées à l'industriel. — Par contre, en 1917 on prévoit un recours contre l'arrêté du préfet avec compétence du Conseil de préfecture, recours qu'on chercherait vainement dans le texte de 1852.

---

1. En thèse générale, les textes prévoient les suspensions de liberté ou d'activité et règlent en même temps leur durée. Cf. Loi du 5 avril 1884, art. 86 (suspension du maire), art. 43 (suspension du Conseil municipal)...

LIVRE PREMIER

CLASSIFICATION DES AUTORISATIONS ET APPROBATIONS

Sous des noms différents, ces deux mesures visent une institution identique ; « qu'il s'agisse, en effet, d'approbation ou d'autorisation, nous voyons la loi soumettre, à l'arrivée d'une condition suspensive, l'exercice licite d'un droit dont le Conseil municipal par exemple, a la jouissance, et cela en vue de permettre à une autorité déterminée d'étudier l'opportunité de cet exercice et les conséquences qu'il peut entraîner à sa suite. Les autorités tutrices peuvent changer ; le but et les effets des autorisations et des approbations demeurent identiques, et notre législation positive n'établit aucune différence interne entre ces deux figures juridiques » (1).

Cette déclaration de principe, à laquelle nous nous rangeons entièrement, nous permet d'aborder maintenant la question de classification. Elle peut être traitée sous deux angles différents. Dans une première approximation, on envisagera les différentes autorités préposées à la dispense de la mesure de tutelle. Une évaluation plus précise pourra, ensuite, être donnée, en se conformant aux têtes de chapitre du droit administratif français.

SECTION PREMIÈRE

DE LA DÉLIVRANCE DES AUTORISATIONS QUANT AUX AUTORITÉS CHARGÉES DE CE SOIN

Suivant les cas, la mesure de tutelle sera prise par les soins d'autorités diverses : Conseils administratifs, agents décentralisés ou par le gouvernement lui-même. Il importe donc de distin-

1. De Bezin *Autorisations et approbations, de tutelle*, Thèse Toulouse, 1906, p. 61.

guer ; les autorisations ne s'équivalent pas entre elles. Les affaires importantes, à raison de l'examen appprofondi qu'elles nécessitent, de la compétence qu'elles exigent sont examinées à part et relèvent d'autorités supérieures. Dans la majorité des cas, au contraire, on pourra se contenter de formalités très simples en rapport avec l'absence de complexité de la question.

On peut, dès lors, distinguer les catégories suivantes :

1° Autorisations législatives ;

2° Autorisations réglées par décret en Conseil d'Etat ;

3° Autorisations émanant de membres du pouvoir exécutif : Chef de l'Etat, ministres, Conseil des ministres remplissant le rôle de conseil consultatif ;

4° Autorisations confiées à des membres de l'administration locale : préfet, sous-préfet, maire. Caractère particulier du préfet de police à cet égard ;

5° Autorisations délivrées par des juridictions administratives : Conseil de préfecture ;

6° Autorisations rentrant dans les attributions de conseils administratifs, tels que le Conseil général ou le Conseil municipal.

L'idée de l'autorisation législative procède, sans nul doute, du désir de donner une garantie de premier ordre aux actes de la vie juridique de certaines personnes morales. La clause est presque de style, lorsqu'il s'agit de délibérations de corps autonomes, portant sur l'accomplissement de grands travaux, ou sur l'établissement de taxes et de surtaxes d'une nature exceptionnelle. Une longue expérience permet, aujourd'hui, d'affirmer que cette conception, toute théorique, se défend difficilement, en pratique.

Tout d'abord, il convient de faire observer que l'autorisation législative ne doit répondre qu'à des hypothèses tout à fait rares. A l'usage, on dut faire des applications trop fréquentes du système, ce qui contribua à fausser son maniement. Le régime financier des départements et des communes s'était déjà profondément modifié, avant que l'on s'avise de supprimer, dans bien des cas, l'intervention législative. Comme l'écrivait, en 1896, M. Barthou (1) : « Les lois d'intérêt départemental intervenues dans la période moderne ont considérablement élargi le cadre d'évolution du régime financier des départements. La

1. Projet de loi tendant à modifier les articles 40 et 41 de la loi du 10 août 1871, présenté par M. Barthou, ministre de l'Intérieur. Chambre des députés ; session extraordinaire de 1896, n° 2059.

construction des écoles normales primaires, le développement du réseau vicinal, l'organisation de nouveaux services d'assistance, l'établissement de chemins de fer d'intérêt local et de tramways départementaux, pour ne citer que les faits les plus saillants, tout en donnant satisfaction aux préoccupations légitimes des pouvoirs publics aux intérêts de toute nature des populations, ont dû nécessairement entraîner un accroissement des charges départementales. » Le rapport se poursuit par cette remarque que « l'imposition spéciale extraordinaire c'est-à-dire celle dont la perception doit être spécialement autorisée dans chaque cas particulier, perd peu à peu son caractère ».

De là, et nous abordons une seconde critique, cet encombrement de l'ordre du jour des Chambres, « cette quantité de projets de loi d'intérêt local ayant pour objet d'autoriser les départements à pourvoir à des dépenses qui sont des dépenses annuelles ordinaires et même obligatoires, comme celle de l'assistance médicale gratuite » (1). Comment, dans ces conditions, peut-on affirmer que les intérêts en jeu seront sauvegardés ? Il est beaucoup plus logique d'admettre que « les lois, portant ces approbations sont, le plus souvent, votées sans discussion, presque sans enquête, sur des rapports hâtivement élaborés et exposés » (2).

De plus, il est impossible de méconnaître que ces actes d'autorisation sous forme de lois, peuvent être entachés d'irrégularité. Les particuliers auraient des voies de recours, si l'exécutif avait statué; vis-à-vis du législateur, ils seront frappés sans compensation. « L'intervention législative exigée, pour donner plus de garanties à la propriété privée, peut, par le simple jeu de textes et des règles élémentaires de notre droit public, lui en procurer cent fois moins (3). »

Il semble, qu'à la suite de ces critiques réitérées, à la suite, surtout, du mouvement d'opinion que devait susciter la commission de décentralisation, prévue par le décret du 16 février 1896, des textes récents aient voulu supprimer la nécessité de l'autorisation législative. En général, ce mouvement fut orienté de façon à faire passer au Président de la République statuant en Conseil d'Etat, les attributions de tutelle, autrefois réservées

1. Rapport présenté au nom de la commission de décentralisation (instituée par le décret du 16 février 1896) par M. Alapetite, *J. O.*, 20 août 1896.

2. Berthélemy, *Précis*, p. 882, 3e édition, 1905.

3. Larnaude, *Bulletin de législation comparée*, 1902, p. 221. V. aussi Berthélemy, p. 1042, note 1.

au législateur. Les articles 40 et 41 de la loi du 10 août 1871 furent remaniés plusieurs fois : d'une part pour relever de quinze à trente ans la durée du remboursement des emprunts que les départements ont la liberté de contracter (Lois des 12 juillet 1897 et 12 juillet 1898), d'autre part pour instituer une autorité tutrice nouvelle, le Président de la République statuant en Conseil d'Etat (Lois 12 juillet 1898 et 30 juin 1907).

On peut encore suivre la même évolution, en comparant, en ses deux rédactions, l'article 143 de la loi municipale du 5 avril 1884 (2). La rédaction ancienne « Il est statué, par une loi, si la somme à emprunter dépasse un million, ou si, réunie aux chiffres d'autres emprunts, non encore remboursés, elle dépasse un million », ne diffère de celle du 7 avril 1902 que par son début pourtant qu'il « est statué par un décret en Conseil d'Etat ». Dans le même ordre d'idées, pour les baux de plus de neuf ans, relatifs au domaine privé de l'État, on exigeait une loi. Aux termes de la loi du 6 décembre 1897, article 7, une simple approbation, par le ministre des Finances, suffit pour la régularité de l'acte.

Signalons, enfin, que les nombreux textes intervenus depuis quelques années, en matière financière, ont parfois supprimé telle taxe pour l'établissement de laquelle une loi était nécessaire. C'est ce qui s'est produit, en particulier, par la loi du 22 février 1918 (1) portant suppression des surtaxes d'octroi, sur les vins, cidre, poirés, hydromels et alcools (2).

---

1. Cf. ancien art. 137 *in fine* de la loi du 5 avril 1884.

2. Malgré tout, les autorisations législatives occupent encore une place importante dans notre droit moderne. On peut citer :

Code forestier, art. 16 : Coupe extraordinaire, ou coupe de quarts en réserve, effectuée dans les bois de l'Etat.

Loi du 18 juillet 1866, art. 14 : Emprunts et contributions extraordinaires votés par le Conseil général de la Seine.

Loi du 24 juillet 1867, art. 7 : Imposition extraordinaire ou emprunt effectué par la ville de Paris.

Le cas de l'émission de valeurs mobilières à lots.

Loi du 5 avril 1884, art. 5 : érection d'une commune nouvelle, art. 6 : changements à la circonscription territoriale d'une commune entraînant modification à la circonscription du département, d'un arrondissement ou d'un canton ; art. 119 : Emprunts des établissements charitables, lorsque la somme à emprunter dépasse 500.000 francs.

Loi du 26 octobre 1897, art. 2 : « Surtaxes locales temporaires s'ajoutant « aux frais de gare, et applicables aux marchandises et aux voyageurs, « en provenance ou à destination d'une gare ou halte, établie, transfor- « mée ou améliorée par un emprunt » (dont le remboursement est assuré par ces surtaxes). Depuis la loi du 7 avril 1902, il n'y a plus d'emprunts des communes soumis à l'approbation législative. Le cas de loi de 1897 ne vise donc que les emprunts contractés par un département.

Loi du 3 mai 1841, art. 2 et 3 : Grands travaux publics, routes natio-

Au point de vue théorique, on doit approuver le système qui consiste à laisser à l'exécutif le soin d'accorder les autorisations administratives. Les critiques précédemment dirigées contre l'extension des attributions du Parlement ne se rencontrent plus ici. Spécialement, le Président de la République est mieux éclairé pour prendre sa décision que les assemblées parlementaires trop nombreuses, et trop éloignées de l'activité journalière de l'administration. Aussi n'est-il pas surprenant, de constater que, dans bien des cas, le principe de l'action confiée à un seul est mis en jeu par les textes (1).

---

naux, canaux, chemins de fer, canalisation de rivières, bassins et docks.

Loi du 1er juillet 1901, art. 13 : Formation d'une congrégation religieuse.

Loi du 23 juillet 1904, art. 7 : Rachat à l'amiable d'une concession de chemins de fer, délibéré par les délégations financières et le Conseil supérieur du gouvernement de l'Algérie. La concession par le gouvernement algérien d'un chemin de fer d'intérêt général de plus de 10 kilomètres rentre aussi dans ce cas.

En ce qui concerne le domaine privé de l'Etat, on peut faire observer qu'une loi est nécessaire :

1° Pour la vente d'immeubles, dont la valeur excède un million (loi 1er juin 1964, art. 1er);

2° Pour la vente de certains immeubles, régis par des dispositions spéciales, comme les bois et forêts, comme les îles, îlots, châteaux forts, batteries ou forts du littoral déclassés (loi du 29 août 1905 et loi du 22 nov.-1er déc. 1790, art. 8);

3° Pour l'échange d'un immeuble domanial avec un autre immeuble (Ordonnance du 12 décembre 1827);

4° Pour les concessions sur le domaine privé de l'Etat (Loi du 6 déc. 1897).

Loi du 31 juillet 1913, art. 10 : L'utilité publique des chemins de fer d'intérêt local, créés par les départements et les communes, est déclarée, et l'exécution en est autorisée par une loi lorsqu'il est fait appel à la subvention de l'Etat.

Loi du 9 septembre 1919 : Concession de mine accordée à un département ou à une commune.

Loi du 25 juin 1920, art. 64 :

Quoique très divergentes les doctrines qui tentent de donner du budget une définition juridique admettent toutes que l'élément d'autorisation se trouve inclus dans cet acte complexe. « Un budget, dit M. P. Leroy-Beaulieu, est un état de prévoyance des recettes et des dépenses;... c'est en outre, une autorisation ou une injonction donnée par les pouvoirs compétents de faire ces dépenses... » *Science des Finances*, 6e éd., t. II, p. 2. Stourm (*le Budget*, 5e éd., p. 4) voit là une approbation préalable des recettes et des dépenses publiques. Pour l'opinion du professeur, M. Jèze, voyez *Revue critique de législation*, 1897, p. 381, et son *Traité de Science des Finances*, 5e éd., 1912, p. 29 à 32.

1. Le chef de l'Etat statue sans avoir à collaborer avec une autorité quelconque, dans les hypothèses suivantes :

Loi du 16 décembre 1922 : Travaux de recherche de mines effectués par des tiers, au cas où ceux-ci n'ont pas obtenu le consentement du propriétaire.

Cependant, chaque fois que l'importance des intérêts en présence le commande, on n'hésite pas à élargir le débat et à prescrire la forme du décret, en Conseil d'Etat (1).

Loi du 24 juillet 1867 : Les délibérations prises par le Conseil municipal de Paris, sur les objets énumérés aux art. 1 et 9 de cette loi, sont, en principe, exécutoires par elles-mêmes ; mais, s'il y a désaccord entre le préfet et le conseil municipal, une approbation, par décret, devient nécessaire.

Loi du 5 avril 1884, art. 110 : Vente de biens mobiliers et immobiliers des communes autres que ceux servant à un usage public sur demande de tout créancier.

Art. 119 : Emprunt des établissements charitables, dans le cas où la somme à emprunter dépasse le chiffre des revenus ordinaires de l'établissement, ou doit être remboursée dans une période excédant douze années.

Art. 120 : Changement de l'affectation des locaux, ou objets mobiliers ou immobiliers délibéré par les commissions administratives des établissements publics communaux et effectué dans l'intérêt d'un service public ou privé quelconque. L'avis du Conseil municipal est requis en l'espèce.

Art. 145 § 3 : Budget des villes dont le revenu est de 3 millions de francs au moins.

Code forestier, art. 78 (Loi 18 juillet 1906) *in fine*. Le pacage des moutons, dans les forêts ou terrains qui en dépendent, est autorisé par dérogation au principe de l'art. 78 et dans certaines localités par décrets du président de la République.

Loi du 9 avril 1898, art. 22 : Emprunts des Chambres de commerce, en vue de subvenir ou de concourir aux dépenses de bourses.

Art. 23 : même hypothèse, mais en vue de travaux publics, notamment, en vue des services publics dans les ports maritimes.

Loi du 4 février 1901, art. 1er : Dons et legs faits à l'Etat ou aux services nationaux non pourvus de la personnalité civile.

Décret du 17 décembre 1913, art. 22 : Approbation des statuts d'une mutualité maternelle ou d'une œuvre d'assistance.

Loi du 30 novembre 1916, régime valable pour la guere seulement et pour une période d'un an au maximum après la cessation des hostilités. Accords conclus entre concessionnaires de voies ferrées d'intérêt local et l'autorité concédante. Extension aux réseaux secondaires d'intérêt général par une loi en date du 18 février 1918.

Loi du 17 juin 1918, traités de gré à gré. Les traités passés par les communes pour les objets ci-après énumérés : travaux, fournitures et transports se rattachant directement à l'exécution de travaux, traités portant concession de grands services municipaux ou relatifs aux pompes funèbres sont approuvés par décret... dans le cas prévu par l'art. 145 § 3 de la loi du 5 avril 1884.

Loi du 5 décembre 1912, art. 13 : Conseil d'administration des offices publics et d'habitations à bon marché : emprunt dépassant trois millions de francs.

1. On peut relever d'assez nombreux textes prescrivant que le décret d'approbation ou de refus doit être délibéré dans l'une des sections du Conseil d'Etat.

Loi du 5 avril 1884, art. 119 : Emprunts des établissements charitables si l'avis du Conseil municipal est contraire, ou s'il s'agit d'un établissement ayant plus de 10.000 francs de revenu.

Art. 137 : Etablissement de taxes d'octroi, règlements relatifs à leur perception, augmentation ou prorogation d'une taxe pendant une pé-

Désormais depuis la loi du 13 novembre 1917, un simple arrêté rendu après avis du Conseil général suffit lorsque les communes qui veulent se syndiquer sont comprises dans les

---

riode de plus de cinq ans, modification des périmètres existants, assujettissement à la taxe d'objets non encore imposés au tarif local. Taxe excédant le maximum fixé par ledit tarif général.

Loi du 22 juin 1890, art. 2 : approbation de la délibération d'un conseil municipal portant rétablissement de la vaine pâture, lorsque le Conseil général émet un avis contraire à ce rétablissement.

Loi du 20 juillet 1895 : clause de sauvegarde en matière de caisses d'épargne, autorisation de ne rembourser que par fraction de 50 francs et par quinzaine.

Loi du 6 décembre 1897, art. 6 : ratification de l'échange d'un immeuble domanial (autre qu'une forêt) lorsque la valeur ne dépasse pas 50.000 francs.

Loi du 1er avril 1898, art. 15 § 3 *in fine* : libéralité faite à une société libre de secours mutuels dans le cas où une réclamation est déposée par les héritiers du testateur.

Loi du 4 février 1901, art. 4 : Dons et legs avec charges à un établissement ayant le caractère national.

Art. 7 : Dons et legs donnant lieu à réclamation de la famille.

Art. incorporé dans l'art. 111 nouveau § 2 de la loi du 5 avril 1884 : Commission syndicale délibérant sur l'acceptation d'une libéralité faite à un hameau ou quartier d'une commune.

Décret du 25 mars 1901, possibilité pour les sociétés de secours mutuels ou unions de sociétés de créer des caisses autonomes à la condition d'obtenir l'autorisation par décret rendu en Conseil d'Etat.

Loi du 1er juillet 1901, art. 13 : Congrégation religieuse. Fondation d'un nouvel établissement. Cf. pour les peines L. 4 déc. 1902.

Loi du 7 avril 1902, art. 20 : Surprime militaire ne pouvant dépasser 25 o/o accordée par le ministre de la Marine aux navires... pouvant éventuellement rendre des services à la marine de Guerre.

Loi du 30 juin 1907 (art. 41 nouveau de la loi du 10 août 1871). Vote par le Conseil général d'un emprunt remboursable dans un délai qui excède trente années ou d'une contribution dépassant les limites fixées par la loi de finances.

Loi du 13 juillet 1911, art. 138 : Cession ou amodiation en matière de concession de mines. Cf. disposition analogue. L. du 16 octobre 1919 sur l'énergie hydraulique, art. 12.

Loi du 31 juillet 1913, art. 6 : concernant les voies ferrées d'intérêt local. Etablissement d'une ligne sur un département voisin.

Même loi, art. 9. Etablissement d'une section de ligne sur une commune voisine. Dans ces deux derniers cas, la mise à l'enquête est autorisée par décret en conseil d'État.

Même loi, art. 10 : Déclaration d'utilité publique d'une voie ferrée d'intérêt local, lorsqu'il n'est pas fait appel à la subvention de l'Etat.

Loi du 22 avril 1916 : Modifications aux conditions de la concession en matière de voies ferrées d'intérêt local. Cession totale ou partielle.

Loi du 13 novembre 1917 : Communes appartenant à des départements limitrophes, demandant à faire partie d'un syndicat déjà constitué ou (bien que la loi ne le dise pas) prétendant constituer un syndicat nouveau.

Loi du 29 décembre 1919, art. unique : Emission par les départements et villes d'obligations à l'étranger. Durée ne dépassant pas trente ans.

Loi du 5 décembre 1922, art. 54 : Constructions entreprises par les

limites du même département. L'article 169 de la loi municipale prévoyait, avant la réforme de 1917, un décret en Conseil d'Etat.

Le rôle du ministre, dans la délivrance des autorisations, n'est pas toujours marqué par une intervention active ; très souvent, il est simplement tenu de présenter un rapport, afin de se conformer au vœu précisé dans telle ou telle loi (1). Cette formalité permettra au Président de la République, avant toute décision, de se former une opinion personnelle qui le conduira à suivre ou à ne pas suivre les suggestions contenues dans la documentation à lui soumise. Dans un ordre d'idées voisin, on peut citer des textes prescrivant au chef de l'Etat de ne statuer que sur proposition d'un ministre (2) ou après s'être entendu avec lui (3).

De cet ensemble de dispositions, il ne faudrait pas immédiatement conclure que le ministre n'est jamais admis à délivrer, ui-même, des autorisations administratives. Il est certain quel les ministres, pris *ut universi* lorsqu'ils sont réunis en conseil ont rarement à connaître des mesures de ce genre. Le cas échéant, ils ne prennent pas eux-mêmes la décision, mais se bornent à déférer au vœu de la loi, qui réclame leur intervention pour certains décrets (4). Il faut complètement renverser

---

communes d'habitations à bon marché destinées à loger des familles nombreuses.

En outre, on peut trouverquelques indications dans le décret du 3 avril 1886.

1. Loi du 9 avril 1898, art. 22. V. *supra*, p. 30 en note, rapp. du ministre du Commerce.

Loi du 31 juillet 1913, art 3, § 4. Mise à l'enquête relative aux voies ferrées d'intérêt local. Hypothèse du désaccord survenu à ce sujet, entre les ministres. Rapport du ministre des Travaux publics.

Loi du 22 avril 1916. V. page précédente. Même rapporteur que précédemment.

Loi du 5 décembre 1922, art. 13. V. *supra*, p. 30 en note. Rapp. du ministre de l'Intérieur.

2. Loi du 5 avril 1884, art. 120. V. *supra*, p. 30. Proposition du ministre de l'Intérieur.

Loi du 5 décembre 1922, art. 54. V. *supra*, p. 31. Proposition des ministres de l'Intérieur et de l'Hygiène de l'Assistance et de la Prévoyance sociales.

3. Loi du 7 avril 1902, art. 20. V. *supra*, p. 31. Entente avec les ministres du Commerce et des Finances.

4. Loi du 1er juillet 1901, art. 13. Dissolution d'une congrégation religieuse (la création s'effectue d'une façon différente, v. *supra*).

Loi du 17 avril 1906 (de finances), art. 69 : Arbitrage pour la liquidation des dépenses de travaux publics de l'Etat (contreseing du ministre compétent et au ministre des Finances). V. également L. 16 octobre 1919, art. 25.

Loi du 31 juillet 1913, art. 3, § 4. Mise à l'enquête des projets concer-

la règle lorsqu'il s'agit du ministre agissant *ut singuli* dans le département qui lui est propre. Les pouvoirs qui lui sont alors réservés lui permettent de refuser ou d'accorder l'autorisation sollicitée (1).

---

nant l'établissement de voies ferrées d'intérêt local. — Cas prévu de désaccord entre les ministres, qui doivent être consultés, d'après les §§ 1 et 2 de l'article en question.

Loi du 16 oct. 1919, art. 26, concession ou autorisation accordée à un étranger.

1. Un classement par département ministériel peut s'opérer comme suit :

Ministre de l'Intérieur. Ordonnance du 29 mars 1921, art. 1er. Délégation de fonctions à un conseiller de préfecture, ou au secrétaire général de la préfecture. Pour l'absence, hors du département, autorisation prévue par l'arrêté du 17 ventôse an VIII. Loi du 30 juin 1838, art. 1er. Traités avec les établissements.

Ordonnance du 28 juin 1823, art. 1er. Exploitation d'une source. De même, travaux effectués sur le fonds d'autrui, et nécessaires à l'exploitation, cf. Berthélemy, 8e édition 1916, p. 360.

Loi du 24 juin 1851, art. 4 : Conditions des emprunts effectués par les monts de piété.

Loteries. Règle précisée dans une circulaire du ministre de la police, en date du 15 novembre 1852, d'après laquelle on ne doit émettre, colporter et placer les billets d'une loterie que dans le département où doit se faire le tirage, sauf le cas d'autorisation spéciale du ministre de l'Intérieur.

Loi du 15 juillet 1893, art. 35. Organisation spéciale d'assistance médicale gratuite, en prenant pour base une commune ou un syndicat de communes.

Loi du 28 juin 1904, art. 3, § 1 et 2 : Traités interdépartementaux, à l'effet d'avoir un établissement public commun, destiné à recevoir les pupilles de l'Assistance publique, difficiles ou vicieux.

Loi du 11 avril 1908. Loi sur la prostitution des mineurs. Ecoles privées, qui demandent à recevoir des pupilles de l'Assistance, auxquels il est fait application de la loi. Même disposition dans la loi du 28 juin 1904, art. 1er.

Loi de finances du 17 avril 1906, art. 69. Délibération du Conseil municipal, tendant à aller devant arbitre.

Loi du 25 juin 1907, art. 2 : Stations balnéaires thermales ou climatiques. Autorisation d'ouvrir pendant la saison des étrangers, des locaux spéciaux, où seront pratiqués certains jeux de hasard.

Décret du 18 avril 1914 : Réunion de sapeurs-pompiers en uniforme, hors des limites du département.

Arrêté ministériel du 23 mai 1917, art. 3. Demandes émanées de laboratoires autres que ceux énumérés à l'art. 1er ou tendant à se faire délivrer des substances vénéneuses, en quantités supérieures à 5 grammes.

Ministre des Travaux publics. — Loi du 29 juin 1894, art. 14 : Approbation des statuts des caisses de secours et de retraites des ouvriers mineurs.

Décret du 7 février 1903 : Le monopole de la télégraphie met obstacle à l'emploi de quelques signaux ou appareils que ce soit, sans l'autorisation de l'administration. Il est permis toutefois de construire, avec l'autorisation du ministre, des lignes d'intérêt privé. Le décret du 7 février 1903 a fait application de ces principes, à la télégraphie sans fil.

Décret du 31 mars 1913, modifiant l'art. 21 du décret du 5 sept. 1897 :

Dans la vie juridique journalière, il serait souvent inutile de recourir à des autorités du pouvoir central En la matière qui nous occupe, ces hypothèses sont nombreuses. C'est une nécessité de laisser statuer des autorités plus rapprochées des popu-

---

Arrêtés divers pris par le préfet, en matière de pêche fluviale. Le pouvoir est, ici, partagé avec le ministre de l'Agriculture.

Loi du 31 juillet 1913, art. 3, § 3 : Autorisation de mise à l'enquête des projets d'établissement d'une voie ferrée, d'intérêt local.

Art. 28, § 2 : Emission d'obligations par les entreprises concessionnaires de voies ferrées d'intérêt local.

Décret du 11 novembre 1917, art. 71 : Contrôle des voies ferrées d'intérêt local; approbation de l'arrêté préfectoral, qui organise ce contrôle. Art. 89: Crieur, vendeur on distributeur d'objets exerçant sa profession dans les trains.

Lois du 16 octobre 1919, art. 23 : Engagements financiers des départements et communes, en vue de l'établissement d'usines hydrauliques. Décision concertée du ministre de l'Intérieur et du ministre chargé des forces hydrauliques. Lors de la discussion de la loi, il a été décidé que toutes les questions relatives à l'application de la loi seraient soumises au ministre des Travaux publics.

Emission d'obligations par les compagnies concessionnaires de travaux d'énergie électrique, selon la loi du 16 octobre 1919. Les conventions doivent préciser que chaque émission sera autorisée par le ministre des Travaux publics, après entente avec le ministre des Finances.

Décret du 17 mai 1921, art. 3 (ouvrages de distribution d'énergie électrique) redevances supérieures aux minima.

Ministre de l'Agriculture. — Code forestier, art. 72 : Troupeau particulier appartenant à une section de commune ou à un groupe d'habitations éloignées. Désaccord sur ce point entre le préfet et le conservateur des forêts.

Art. 90 (loi du 18 juillet 1906) : Coupes diverses, pouvant être autorisées (par exception à l'art. 16 du Code) dans les bois des communes, et établissements publics.

Art. 110 (loi du 18 juillet 1906) : Pacage des brebis et moutons dans certaines forêts.

Loi du 8 mars 1875, art. 7 : Fabrication et emploi aux travaux de mines, de composés chimiques, explosibles nouveaux.

Lois des 2 juin 1891 et 1er avril 1900 : Autorisation des sociétés de courses hippiques. Conditions diverses pour organiser le pari mutuel.

Loi du 21 juin 1898, art. 76 : Approbation des arrêtés préfectoraux, concernant les mesures nécessaires pour combattre les insectes, cryptogames, etc. Cf. également Loi du 24 décembre 1888, art. 1er.

Ministre de la Guerre. — Loi du 14 juillet 1860, art. 1er : Fabrication des armes de guerre.

Ministre des Finances. — Aux termes des art. 1361 et 1273 de l'instruction du 20 juin 1859, les receveurs particuliers doivent demander l'autorisation ministérielle pour se charger d'une gestion comptable, que la loi ne leur impose pas : celle de trésorier d'un comice agricole, ou d'une société de sciences physiques.

Même obligation pour les trésoriers-payeurs généraux, qui voudraient concourir aux émissions du Crédit Foncier, de la ville de Paris, des départements et des villes. Voyez Victor Marcé, *Traité de la comptabilité publique*, 1re édition 1905, p. 528, n° 1175.

Traités passés entre les communes et l'administration des contributions

lations, que ne l'est l'autorité centrale ; mais c'est une nécessité soumise à une certaine discussion, puisque l'on pose le problème de la déconcentration, ou celui de la décentralisation.

L'accord est unanime pour admettre que la décentralisation consiste à développer les pouvoirs des corps électifs locaux, au détriment de ceux du pouvoir central, ou de ses représentants.

Il y a seulement déconcentration, lorsqu'on attribue aux préfets les pouvoirs d'approbation ou d'autorisation jusque-là réservés à la diligence de l'autorité supérieure. Sous le Second Empire on peut noter un mouvement de ce genre, qui s'accusa,

---

indirectes portant que les droits d'octroi seront perçus par voie d'abonnement.

Loi du 15 novembre 1918 : Approbation de statuts concernant les associations françaises de cautionnement mutuel.

Décret du 17 avril 1920 : Dérogations aux dispositions portant prohibition d'exportation des alcools d'industrie, autres que les eaux-de-vie.

Ministre de l'Hygiène, de l'Assistance et de la Prévoyance sociale. — L'apparition de ce ministère a eu pour effet de transférer à ce département, certaines autorisations dont connaissait, autrefois, le ministre du Travail. Nous citerons, en exemple, la loi du 5 décembre 1922, portant codification des lois sur les habitations à bon marché en ses art. 4, 20, 35 et 57.

Art. 35 : Communes et départements, employant leurs ressources en prêts, en obligations et en actions de sociétés de construction, de maisons à bon marché.

Même approbation nécessaire pour faire apport aux sociétés sus-visées de terrains ou de constructions.

Art. 57 et 58 : Subventions spéciales ; immeubles construits pour familles de plus de 3 enfants de moins de 6 ans. Délibération du Conseil municipal exécutoires sous réserve d'approbation des ministres de l'Intérieur, de l'Hygiène, de l'Assistance et de la Prévoyance sociales et des Finances.

Art. 4 ; Statuts des sociétés d'habitations à bon marché. L'approbation était autrefois accordée par le ministre du Commerce. Loi du 12 avril 1906, art. 13 : Il fallut, au bout de quelques mois, tenir compte de l'apparition du ministère du Travail et de la Prévoyance sociale (Décret du 25 octobre 1906).

Deuxième décret du 28 février 1899, art. 21, modifié le 27 décembre 1906, Statuts des syndicats de garantie prévus par la loi du 9 avril 1898, si ces statuts sont conformes aux statuts-types annexés au décret de 1906. Voyez, pour le transfert d'un ministère à l'autre le décret du 27 janvier 1920, art. 2, n° 2 *b*.

Ministre de l'Instruction publique et des Beaux-Arts. — Décret du 11 juillet 1897. On peut distinguer dans les délibérations du Conseil d'Université : 1° celles qui sont définitives, sauf possibilité d'un recours au Conseil d'Etat, Cons. d'Et., 9 février 1900. Dall. 1901.3.44 ; 2° celles qui ne sont exécutoires qu'après approbation du ministre.

Code du travail, livre II, art. 59 : Emploi exceptionnel d'un ou plusieurs enfants dans les théâtres, pour la représentation de pièces déterminées.

Loi du 31 décembre 1913, art. 12 : Construction neuve adossée à un immeuble classé. Art. 18 : Aliénation d'objets classés appartenant à un département, à une commune, à un établissement public ou d'utilité publique.

principalement, lors des décrets du 25 mars 1852 et 13 avril 1861 (1). Les préfets de cette période montraient beaucoup de fermeté dans l'accomplissement de leur mission. Le moment semblait donc favorable à la transmission des pouvoirs, opérée par les décrets précités. D'ailleurs, à l'époque, les impérialistes, toujours intéressés à faire ressortir le libéralisme, même lorsqu'il n'est pas très apparent, ne réussirent pas à faire accepter à tous leur manière de voir. Entre ces querelles de parti, il semble, grâce au recul du temps, qu'on puisse reviser le jugement d'Odilon Barrot (2) dans le sens indiqué par un jurisconsulte contemporain : « Le marteau, dont le manche est raccourci, ne frappe peut-être pas moins fort, mais il frappe plus juste » (3).

La vérité est que la mesure eût été pleine d'inconvénients et de dangers, si on n'avait maintenu le principe salutaire « du droit des parties lésées de recourir à l'administration supérieure, et du droit de celle-ci de réformer ou d'annuler d'office ; de sorte que l'administration centrale, en perdant le droit de décision directe, a conservé sur les actes de ses délégués le droit de contrôle, dans ce qu'il a de réellement protecteur pour les populations » (4).

On peut dire que le droit moderne n'a jamais remis en question ces principes, qui sont à la base du pouvoir de décision des préfets, en matière d'autorisations administratives. Ajoutons que les nombreuses lois (5), intervenues depuis le Second

---

1. Il semble difficile de donner en note les cas d'autorisation, pour lesquels le préfet est, d'après les décrets en question, compétent au lieu et place d'une autorité supérieure. Mentionnons, cependant, que les décrets sont rédigés de telle façon, qu'on peut constater une absence complète de déconcentration des affaires relatives aux cultes et aux établissements religieux. Exceptions à cette réserve voulue : Décret du 13 avril 1861, art. 4 et Décret du 15 février 1862. — Pour le surplus, nous renvoyons aux textes, et surtout, aux tableaux A, B et D. Cf. Lois et règlements de Berthélemy.

2. « L'action centrale n'est diminuée en rien, c'est toujours le même marteau qui frappe, seulement on en a raccourci le manche ».

3. Berthélemy, *Traité élémentaire de droit adm.*, 9e édit., 1921, p. 147.

4. Ducrocq. Paris, 1897, t. I, p. 148. Cf. également Décret du 25 mars 1852, art. 6.

5. Code Forestier, art. 94 : Nombre de gardes pour les bois des communes et établissements publics, art. 154 : Atelier à façonner le bois, établi à moins de 500 mètres des bois et forêts, soumis au régime, art. 102 : Vente ou échange de bois, portant sur la réserve qui doit être faite, en faveur des établissements publics.

Loi du 21 mai 1836, art. 16 : Travaux d'ouverture et de redressement des chemins vicinaux. Avis conforme du Conseil municipal. Conseil d'Etat, 23 février 1883. Lebon, p. 209 et 1er juin 1888. D. P. 89.3.96.

Empire, ne prévoient qu'exceptionnellement la nécessité de prendre l'avis d'un corps autonome.

Le mouvement de déconcentration, auquel il vient d'être fait allusion, était, dans l'esprit de ses promoteurs, limité à la per-

---

Ordonnance du 29 mai 1844, art. 1er : Etablissement de loteries, par exception à la prohibition de la loi du 21 mai 1836.

Receveur des établissements charitables : cumul de fonctions (Loi du 21 mai 1873, art. 6).

Règlement du service intérieur arrêté par les commissions des hospices et hôpitaux. Loi du 7 août 1851, art. 8 ; Révocations diverses, art. 14.

Loi du 23 décembre 1874, art. 11 : Ouverture et direction d'un bureau de nourrices, et profession d'intermédiaire, telle qu'elle est définie à l'article 11.

Loi du 28 mars 1882, art. 17 : Approbation de la délibération du Conseil municipal, créant une Caisse des Ecoles.

Loi du 5 avril 1884, art. 138 : Délibérations portant suppression ou diminution des taxes d'octroi ; avis du Conseil général.

Loi du 28 juillet 1885, art. 7 : Tracé définitif de lignes télégraphiques ; autorisations des opérations d'établissement d'entretien et de surveillance.

Loi du 22 décembre 1888, art. 3 : Travaux spéciaux (énumérés à l'article 1er de la loi du 21 juin 1865, nos 6, 7, 8, 9 et 10), entrepris par des associations syndicales autorisées.

Loi du 22 juillet 1896, art. 1er : Ouverture d'un colombier de pigeons-voyageurs.

Décret du 5 septembre 1897 : Manœuvres d'eau et pêches extraordinaires destinées à détruire certaines espèces, en vue d'en propager d'autres plus précieux. Cf. également Décret du 21 mars 1913.

Loi du 1er avril 1898, art. 15, § 2 : Dons et legs mobiliers, faits aux sociétés libres de secours mutuels.

Loi du 8 avril 1898, art. 11 : Barrage ; ouvrage de prise d'eau. « Ces autorisations ne sont pas des concessions, puisque le riverain a droit à l'eau ». Hauriou, 8e éd., 1914, p. 574, note 1.

Loi du 4 février 1901, art. 4 : Dons et legs à des établissements publics, ayant caractère communal ou départemental, lorsqu'ils sont grevés de charges.

Art. 5. — Dons et legs faits aux établissements reconnus d'utilité publique.

Décret du 10 novembre 1903, art. 22 : Arrêtés municipaux concernant les sapeurs-pompiers, et portant règlement du service. Loi du 17 avril 1906, art. 69 : Recours à l'arbitrage concernant les communes; délibération du Conseil municipal doit être approuvée.

Loi du 15 juin 1906, art. 2 : Cf. également, Décret du 3 avril 1908, art. 1er : Ouvrages de distribution électrique à établir, exclusivement, sur des terrains privés, mais à moins de 10 mètres de distance horizontale d'une ligne télégraphique ou téléphonique préexistante. Loi du 17 juin 1913, art. 10 : Traité passé entre une œuvre de mutualité maternelle et la commune pour assurer dans la commune le repos des femmes en couches. Loi du 31 juillet 1913, art. 11, *in fine* : Délibérations des conseils municipaux concernant le tracé de la ligne et l'emplacement des stations, art. 12 : Travaux complémentaires. — Deuxième décret du 1er décembre 1913, art. 7 : Approbation d'une délibération de commissions administratives ; visa de bon. Loi du 15 avril 1916, art. 3 : Dispensaires d'hygiène sociale et de préservation antituberculeuse ; autorisa-

sonnalité du préfet. Ce n'est que très subsidiairement, que le sous-préfet a vu augmenter ses attributions, en matière d'autorisations. « En pratique », dit un auteur, parlant évidemment à titre très général, et non en envisageant le domaine spécial qui retient notre attention « on comprend qu'on hésite à utiliser les services des sous-préfets. L'ingérence inévitable des hommes politiques, dans l'administration préfectorale, est un mal ; il est regrettable que les députés soient, pour trop de choses, maîtres tout-puissants des administrateurs de leur département. Ils seraient encore plus puissants, si la décision à obtenir devait émaner d'un modeste sous-préfet » (1). Le danger du trafic d'autorisations ne suffit pas, à notre avis, à expliquer le silence à peu près complet des textes (2) sur les attributions du sous-préfet, concernant l'exercice de cette mesure de tutelle. Il faut plutôt arguer de la difficulté d'instruire les demandes, et de l'absence d'unité, à l'intérieur du département, que ne manquerait pas de produire la fantaisie dispensatrice de telle sous-préfecture, comparée à la retenue et à la propension au refus de permission qui pourrait régner dans le centre administratif voisin.

Le système de presque absolue prétérition, utilisé pour la définition des pouvoirs du sous-préfet en matière d'autorisations, est un peu moins rigoureusement observé, lorsqu'il s'agit du maire. Il ne faut pas perdre de vue, en effet, que le magistrat municipal puise dans les pouvoirs de police, que lui confèrent l'article 97, § 1, et l'article 98, §§ 1 et 2, le droit de prendre

---

tion préfectorale pour le fonctionnement. Décret du 11 novembre 1917 : Crieur, vendeur ou distributeur d'objets exerçant sa profession dans les cours et bâtiments de gares.

Loi du 13 novembre 1917 ; Formation d'un syndicat de communes comprises dans les limites du même département.

Loi du 17 juin 1918 (modifiant l'article 115 de la loi du 5 avril 1884). Traités de gré à gré passés par les communes, dans le cas le plus général, c'est-à-dire hormis les villes dont le revenu dépasse 3 millions de francs.

Loi du 5 décembre 1922, art. 35 : Constructions de maisons à bon marché, par les bureaux de bienfaisance et d'assistance, hospices et hôpitaux.

Art. 76 : Règlement des comités de patronage des habitations à bon marché.

On peut, de plus, trouver dans le Code du travail quelques approbations ou autorisations, livre I, titre IV, art. 93 : Retrait de permission exécutoires, seulement après approbation. Livre II, titre I, art. 59 : Autorisation exceptionnelle de l'emploi d'enfants dans les théâtres.

1. Berthélemy, *op. cit.*, p. 158.

2. Voici quelques hypothèses où le sous-préfet est compétent.

a) Loi du 21 avril 1810 art. 84. Exploitation des tourbières.

des mesures pour régler la circulation, afin d'en assurer la sécurité. Il peut notamment :

a) Subordonner à une autorisation préalable, la faculté, pour les sociétés musicales, de jouer sur les voies publiques (Cons. d'Et., 12 janv. 1893. Potiron, v. *Revue gén. d'adm.*, 1893, I, 317).

b) Subordonner à une autorisation préalable et à des conditions, la profession de commissionnaire, circulant sur la voie publique.

c) Défendre d'extraire de la tourbe des pâtis et marais communs, sans une autorisation préalable (Cass. Ch. Crimin., 22 déc. 1888. Dall. Répert., v. Commune, 665).

Malgré ces pouvoirs spéciaux, on ne peut pas dire que le maire ait la charge de statuer sur de nombreux cas d'autorisation. Si l'on consulte les textes, on demeure même persuadé du contraire (1). Il convient, d'ailleurs, de louer la réserve qui permet au titulaire de fonctions électives d'exercer son mandat à l'abri des querelles locales.

Le préfet de police possède, en matière de police municipale,

---

b) Délivrance d'alignement par le maire, sous l'approbation du sous-préfet ;

c) Décret du 13 avril 1861, art. 6... ,4° autorisation de mise en circulation des voitures publiques, 5° autorisation des loteries de bienfaisance jusqu'à concurrence de 2.000 francs...,12° battues pour la destruction des animaux nuisibles dans les bois des communes et des établissements de bienfaisance etc., etc. Bf. également n° 13 à 19.

d) Arrêté du 4 pluviôse an XII art. 1er. Dons et legs dont la valeur n'excède pas 300 francs faits aux hospices et aux pauvres.

e) Décret du 18 avril 1914 (modifiant l'art. 24 du décret du 10 novembre 1903). Rassemblement de sapeurs-pompiers en uniforme, dans la commune ou dans l'arrondissement;

f) Décret du 27 avril 1889 art. 4. Déplacement d'un cadavre dans les limites de l'arrondissement.

1. Ordonnance du 6 décembre 1843, art. 6 : Inscriptions sur les pierres tumulaires ou monuments funèbres.

Décret du 27 avril 1889, art. 3 : Opérations tendant à la conservation des cadavres par embaumement.

Art. 4 : Déplacement d'un cadavre dans les limites de la commune.

Art. 6 : Admission d'un corps à la chambre funéraire, à défaut du certificat du médecin traitant.

Art. 17 : Incinération.

Autopsie. — Sauf le cas de malades décédés dans les hôpitaux, il faut une autorisation du maire.

Loi du 30 décembre 1906, vente à l'encan. Cons. d'Etat, 23 juin 1911. Maufras, conclusions de M. Chardenet, Lebon, p. 701.

Loi du 21 juin 1898, art. 43 : Animaux abattus (cas de péri-pneumonie contagieuse, tuberculose, etc...). Chair ne peut être livrée à la consommation qu'en vertu d'une autorisation.

Décret du 15 avril 1919. Exhumations.

Loi du 9 novembre 1915, art. 7 : Cafés et débits de boissons établis à l'occasion d'une fête publique.

les pouvoirs ordinairement dévolus au maire dans toutes les communes. Mais il n'est pas niable qu'en dehors de ces attributions, il doit être consulté dans de nombreuses hypothèses pour lesquelles il reste libre d'accorder ou de refuser son autorisation (1). Par la position particulière qu'il occupe dans la hiérarchie, le préfet de police peut exercer avec plus d'autorité que le maire ses pouvoirs de tutelle. Quant aux pressions venant

---

1. La liste des autorisations délivrées par la préfecture de police est assez longue. En particulier, on doit se mettre d'accord avec le préfet de police pour :

Les barrières. Ord. préfet police, 25 juillet 1862, art. 49 ;

Les démolitions. Ord. préfet police, 25 juillet 1862, art. 64 ;

Les commissionnaires (syst. du carnet) ;

Les fêtes foraines (syst. du tableau de roulement);

Les échafaudages. Ord. préf. police, 25 juillet 1862, art. 52 ;

Les loteries. Ordonnance du 29 mai 1844, art. 1er, pour Paris et le département de la Seine ;

Les bureaux de nourrices. Loi du 23 déc. 1874, art. 11 ;

Les maisons de santé. Avis du Conseil d'État du 14 janvier 1892. En principe, d'après le Conseil d'État, la création d'établissements hospitaliers est libre. Cependant certains services privés, ayant pour objet les soins médicaux, sont soumis au régime de l'autorisation ;

Les régates, fêtes et exercices nautiques. Ord. préfect. pol., 30 avril 1895, art. 124 ;

Les bains froids lors de l'installation, ou d'une réparation, ou modification, *ibid.*, art. 129 ;

Les baignades, dites en « pleine eau » possible hors Paris, art. 146 ;

Le chargement et le déchargement des matières dangereuses, autres que le pétrole, *ibid.*, art. 64 ;

Les abattoirs, O. P., 20 août 1879, art. 1 ;

Les tueries spéciales, se rapportant à l'hippophagie. O. P., 9 juin 1886 ;

Les dépôts temporaires de boues et d'immondices (condition essentielle : être à 200 mètres de toute habitation et à 100 mètres des routes et chemins. O. P., 24 déc. 1881 ;

Les élevages d'animaux domestiques (chiens, chats, lapins, porcs, vaches, boucs et oiseaux de basse-cour. O. P., 25 août 1880) ;

Le lâcher de pigeons voyageurs provenant de colombiers établis en France (Instruction ministérielle, 15 déc. 1896). La loi du 26 juillet 1896 est muette à cet égard, mais le décret du même jour réglemente les lâchers;

L'embaumement. Décret, 27 avril 1889, art. 3 ;

Les exhumations, réinhumations, transports de corps, de Paris vers telle destination, les dépôts provisoires de corps dans une église. O. P., 5 juin 1872 ;

Les amphithéâtres de dissection. O. P., 28 juillet 1885 ;

La fabrication des cartouches de chasse. O. P., 1er mars 1902, autorisée en banlieue seulement).

En ce qui concerne le métropolitain, conformément à l'art. 67 de l'ordonnance royale du 15 nov. 1846, modifiée le 1er mars 1901, une ordonnance de police fut prise le 3 août 1901. D'après l'ordonnance, il faut une autorisation pour l'installation d'appareils automatiques, art. 52, les agents employés au Métropolitain, art. 58. De plus, voir le décret du 11 novembre 1917, art. 89, sur les crieurs, vendeurs ou distributeurs d'objets qui voudraient exercer leur profession dans l'enceinte du chemin de fer.

de tel parti politique on peut admettre qu'il est suffisamment armé pour se dérober à leur influence.

Les mêmes raisons, qui empêchent le maire de se rendre très utile pour approuver ou autoriser, nous permettent de comprendre pourquoi la législation positive a réduit au minimum les attributions du Conseil municipal, concernant ces mesures. Il y a, cependant, une exception, pour les établissements de bienfaisance ; on estime que la liberté du Conseil municipal vis-à-vis d'eux est suffisante pour justifier la vocation à statuer que lui reconnaissent certains textes (1). Encore convient-il d'ajouter que, le plus souvent, il s'agit d'un simple avis conforme (Loi du 7 août 1851, art. 10), ou même d'un avis conforme visé par arrêté préfectoral (Loi, 5 avril 1884, art. 119).

Depuis la loi du 8 janvier 1905 (2), on peut admettre, qu'en pratique, les tribunaux administratifs ne sont plus compétents pour connaître d'une demande en autorisation. Au point de vue théorique, il faut louer, sans réserves, le procédé restreint, de nos jours, à des hypothèses insignifiantes. Les juridictions administratives sont, très souvent, choisies pour jouer, auprès du préfet ou du chef de l'Etat, le rôle de conseils consultatifs. De nombreuses mesures de tutelle ne peuvent être prises qu'après l'avis du Conseil de préfecture, ou du Conseil d'Etat, suivant le cas. Seulement, ces avis ne lient pas celui qui, en définitive, reste le dispensateur de l'autorisation. Pourquoi le système trouvé bon, par la loi du 8 janvier 1905, pour les autorisations de plaider ne serait-il pas étendu à d'autres éventualités, à d'autres mesures de tutelle (2). Les juridictions apporteraient, dans leur examen, sinon la même méthode de travail qu'en matière contentieuse, du moins, le même esprit d'équité, que tout le public averti s'accorde à leur reconnaître.

La difficulté d'entrer dans cette voie provient, selon nous, du

1. Loi du 7 août 1851, art. 10 : aliénation des biens immeubles formant la dotation des hospices et hôpitaux.

Loi du 5 avril 1884, art. 119 : Emprunts des établissements charitables, ne présentant aucune particularité extraordinaire.

On peut en outre citer : Loi du 28 déc. 1904 : Maintien d'usages et anciennes coutumes en ce qui concerne le transport et l'enterrement des morts (art. 2 *in fine*).

Code Forestier, art. 95. Choix des gardes particuliers, par le maire.

2. L'autorisation n'est maintenue que dans deux cas :

a) Lorsque l'instance est soutenue au nom de la commune, par un simple particulier. Loi du 5 avril 1884, art. 123 nouveau.

b) Lorsque pour une instance intéressant un établissement public communal, il y a désaccord entre le Conseil municipal et l'établissement intéressé. Loi du 8 janvier 1905, art. 3.

fait de la surcharge de besogne, surcharge qui s'accuse, principalement, pour le Conseil d'Etat. Il n'échappe à personne, et des rapporteurs à la Chambre ont précisé des chiffres (1) que les progrès récents du recours pour excès de pouvoir, les dispositions de plus en plus nombreuses attribuant compétence au Conseil d'Etat, soit en cassation, soit autrement, empêchent, absolument d'ajouter aux pouvoirs actuels de la haute juridiction.

On le voit, le soin de délivrer les autorisations (2) est très inégalement réparti. Toutefois, il faut bien se rendre compte qu'il est un problème plus général qui conditionne le choix de telle ou telle compétence. Nous voulons parler de la décentralisation (3). Suivant les époques, on accentue le mouvement, quitte à revenir un peu en arrière, grâce à des textes subséquents. De là, cette conclusion, que la classification des autorisations, en prenant pour base les corps ou agents qui ont à s'exprimer à ce sujet, est une classification trop empirique, partant soumise à des fluctuations assez importantes. Elle offre l'incontestable avantage de souligner la variété des méthodes

---

1. Séance du 12 sept. 1918, *Journ. off.* Ann. Chambre des députés n° 4976.

2. Nous négligeons volontairement les autorisations délivrées par le Conseil général, ou par la Commission départementale qui trouveront leur place dans un autre chapitre.

3. Le phénomène de déconcentration que nous avons tenté de suivre au cours de ces pages a fait place, parfois, à une décentralisation, au sens technique du terme (Intervention du Conseil municipal, du Conseil général, de la commission départementale). Mais, même sans pousser jusqu'à cette hypothèse extrême, constatons que la déconcentration suffit pour modifier l'aspect juridique d'une autorisation déterminée.

Historiquement, nous apercevons un exemple précis qui éclairera cette discussion. L'autorisation de poursuivre des agents du gouvernement fut remise aux soins :

a) De l'administration forestière pour ses agents (Ord. For., 1er août 1827, art. 59).

b) De celle de l'enregistrement et des domaines, pour ses préposés (arrêté du 9 pluviôse, au X).

c) De celle des douanes pour ses agents (arrêté du 29 thermidor, an XI).

d) Des préfets, pour les percepteurs des contributions directes (arrêté du 10 floréal, an X).

e) Du ministre des finances pour les comptables rétentionnaires de deniers publics, et non destitués (Avis conforme du Conseil d'Etat, 16 mars, 1807).

Parfois, l'exception devient la règle, ce qui se vérifie, en législation positive, avec la loi du 30 octobre 1886, art. 25, § 9 : Instituteur habilité par le Conseil départemental de l'Instruction publique à remplir les fonctions de secrétaire, de maire, et avec celle du 5 décembre 1922, art. 27, *in fine*. L'autorisation émane d'une simple commission d'attribution nommée par décret.

auxquelles le législateur peut se ranger ; mais elle n'est, à tout prendre, qu'une traduction imparfaite, et toujours sujette à révision des principes généraux du droit administratif français.

SECTION DEUXIÈME

EXAMEN MÉTHODIQUE PAR MATIÈRE DES PRINCIPAUX CAS D'AUTORISATION PRÉALABLE, DES TEXTES QUI LES RÉGISSENT ET DES DÉCRETS RÉGLANT L'APPLICATION DU PRINCIPE.

Nous ne voulons retenir la classification précédente que comme une approximation. A notre sens, un inventaire plus précis des autorisations doit être dressé, en prenant pour cadre les principales divisions dont les auteurs font état lorsqu'ils entreprennent d'exposer les règles élémentaires du droit administratif français.

a) ÉTABLISSEMENTS D'UTILITÉ PUBLIQUE ET ÉTABLISSEMENTS PUBLICS

Les établissements d'utilité publique ne constituant pas, comme les établissements publics, des organes de l'administration, l'Etat n'est pas autant intéressé à leur prospérité et n'a vis-à-vis d'eux ni les mêmes droits ni les mêmes charges. Sa surveillance n'a pas pour but d'assurer une bonne gestion, mais d'empêcher une accumulation excessive de biens entre les mains de personnes civiles qui ne meurent pas. Aussi, en dehors des acquisitions à titre gratuit, qui sont soumises à l'autorisation du gouvernement (Loi du 4 février 1901, art. 5, al. 2) ou à l'autorisation préfectorale (art. 5, al. 1). Les établissements d'utilité publique peuvent faire librement toutes les acquisitions à titre onéreux, aliénations et actes de gestion ordinaire, sauf les restrictions qui peuvent être posées par les statuts eux-mêmes, ou par une disposition spéciale de la loi.

Les statuts suggèrent à M. Jèze une remarque fort intéressante. « S'ils ne sont pas l'œuvre des agents publics, du moins ceux-ci ont un moyen très efficace d'y participer. En effet, avant d'accorder la reconnaissance... les agents publics ont un moyen indirect, mais très efficace de collaborer à l'organisation primitive. Pratiquement, cette collaboration se manifeste par l'approbation expresse des statuts (1). »

Un lien très grand existe entre les statuts et la reconnaissance d'utilité publique. Cela se vérifie lors de l'obtention de la reconnaissance, qui est grandement facilitée si les associations se conforment aux obligations énoncées dans les statuts-types que le Conseil d'Etat a préparés pour elles (2). Cela se constate encore lorsque les statuts sont sur le point d'être modifiés. En pareil cas « la modification pour être valable, exige, aux termes « mêmes des statuts modèles rédigés par le Conseil d'État « (art. 16 et 19) l'approbation de l'autorité publique compétente « pour la reconnaissance » (3). Enfin, l'autorité supérieure peut menacer l'œuvre ou l'association d'un retrait de reconnaissance.

En règle générale, les établissements publics sont destinés à tomber sous la surveillance de l'autorité générale ou locale, par cela même qu'ils peuvent obtenir des subventions de l'Etat, des départements ou des communes.

Ce trait spécial étant mis à part, on peut dire qu'ils n'ont de liberté que pour les actes de simple administration. Pour la plupart des autres, l'approbation de l'autorité supérieure est nécessaire. Ainsi ils ne peuvent aliéner ou emprunter, sans l'autorisation du ministre ou du préfet (4). Leurs acquisitions à titre gratuit, et même celles, à titre onéreux (5), sont également subordonnées à une autorisation (6).

La création même des établissements publics s'effectue, en ce qui touche les caisses des Ecoles, selon des modalités exceptionnelles. Elles sont instituées par délibération du Conseil municipal, revêtue de l'approbation préfectorale (7).

Les établissements publics ne peuvent transiger sans une autorisation expresse du Président de la République (art. 2045 C. civ.). De plus, dans une certaine mesure, l'autorisation de plaider n'a pas disparu pour eux.

Après avoir examiné les règles communes à tous les établis-

---

1. Jèze, *op. cit.*, p. 367.

2. Sur les conditions principales énoncées dans les statuts-types, v. Berthélemy, *op. cit.*, p. 606.

3. Jèze, p. 367 bas, *op. cit.*

4. Exemple : Loi, 5 avril 1884, art. 119, emprunts des établissements charitables.

5. Circulaire du garde des sceaux du 30 avril 1881 (*Bull. min, just.*, 1881, p. 29).

6. L'avis du Cons. municipal est toujours nécessaire. Loi 5 avril 1884, art. 70. Il n'y a pas d'autorisation pour les legs faits sans charges, conditions, ni affectation immobilière. Loi 4 février 1901, art. 4.

7. Loi du 28 mars 1882.

sements publics, il convient d'énumérer les principaux cas d'autorisations relatives à tel ou tel corps autonome en particulier.

Pour les Chambres de commerce, l'approbation du ministre du commerce est requise pour la fondation des magasins généraux, salles de ventes publiques, entrepôts... expositions permanentes et musées commerciaux (Loi du 9 avril 1898, art. 14)(1). La même loi réserve également le cas de Chambres de commerce désirant « se concerter en vue de créer, de subventionner ou d'entretenir des établissements, services ou travaux d'intérêt commun ». Il faut alors ratification par toutes les Chambres intéressées et par le ministre du Commerce (art. 24).

Après un rappel des principes généraux qui régissent les établissements publics (art. 35), la loi du 25 octobre 1919, sur les Chambres d'agriculture, admet qu'elles peuvent, avec l'autorisation du ministre de l'Agriculture, être chargées par l'Etat, le département, les communes ou les particuliers, de l'administration d'établissements agricoles fondés par les collectivités ou l'initiative privée (art. 37). Elles peuvent aussi, sous la même condition, se concerter, en vue de créer, de subventionner ou d'entretenir des établissements, services ou travaux d'intérêt commun (art. 53).

En ce qui touche les hospices et hôpitaux, le préfet est compétent pour approuver les traités de gré à gré passés pour travaux et fournitures, jusqu'à la valeur de 3.000 francs (2) et les adjudications pour travaux et fournitures (3). De même, il approuve les règlements intérieurs et extérieurs des commissions administratives (4). Les acquisitions, échanges, affectations à un service, constructions, démolition dont la valeur excède 3.000 francs rentrent également dans les attributions du préfet, dont le pouvoir pour autoriser l'acceptation des legs fais aux hospices est soumis à cette condition qu'il n'y ait pas de réclamation des familles (5). Le secrétaire, l'économe, les médecins et chirurgiens sont protégés, le cas échéant, contre la révoca-

---

1. A moins que, eu égard à la nature de l'établissement, un décret, ou une loi, ne soit nécessaire.
2. Ord., 14 novembre 1837, art. 2.
3. Ord., 14 novembre 1837, art. 7.
4. Loi du 7 août 1851, art. 8, *in fine*.
5. Il y a donc obligation pour le préfet de s'assurer que les héritiers ne réclament pas (Cons. d'Etat, 22 janvier 1857. D. P. 57.3.61 ; 1er août 1867, D. P. 68.3.81 ; 6 mare 1891, D. P. 92.3.93. Les formes de l'instruction des libéralités faites aux établissements publics sont réglées par un décret du 1er février 1896.

tion, grâce à l'approbation prévue à l'article 14 de la loi de 1851. L'article suivant sur les traités de gré à gré de fourniture des aliments et objets nécessaires aux établissements hospitaliers, se justifie sans peine par des considérations d'intérêt général.

On peut relever toute une série d'actes pour lesquels les bureaux de bienfaisance sont astreints à l'autorisation du sous-préfet (1).

Les offices publics d'habitations à bon marché ont certaines de leurs délibérations exécutoires, seulement après approbation du préfet (Loi du 5 décembre 1922, article 13). Nous citerons les aliénations, les acquisitions d'immeubles, le budget et dans une certaine mesure, les emprunts.

Les ports de commerce peuvent par décret en Conseil d'Etat devenir des établissements publics. Les décisions prises par le Conseil d'administration du port sont parfois soumises à l'approbation de l'autorité supérieure » (Loi du 5 janvier 1912, art. 5) (2).

D'une façon générale l'approbation du préfet est moins souvent requise pour les associations syndicales autorisées (3) que pour les autres corps autonomes. Il faut cependant tenir compte de la loi du 21 juin 1865 (modifiée en 1888), article 9. « Dans les cas prévus par les nos 6, 7, 8, 9 et 10 de l'article premier, aucun travail ne pourra être entrepris que sur l'autorisation du préfet » et du décret du 9 mars 1894, projets de travaux neufs ou de grosses réparations (art. 46) et modifications à l'acte social (art. 69).

b) DÉCISIONS DU CONSEIL MUNICIPAL SOUMISES A APPROBATION

Avec la loi du 5 avril 1884, l'approbation n'est plus élevée à la hauteur d'un principe, comme sous l'empire des législations précédentes. Elle ne subsiste que pour des délibérations réglant des matières très importantes dont la plupart sont énumérées

---

1. Décret du 13 avril 1861, art. 6, n° 15 : Conditions des baux ne dépassant pas dix-huit ans ; n° 16 : placement des fonds ; n° 17 : acquisitions, ventes, échanges d'objets mobiliers ; n° 18 : règlement du service intérieur.

2. Une loi du 12 juin 1920 institue une direction du port et modifie la composition du Conseil.

3. Sur la controverse concernant leur caractère d'établissement public, v. Berthélemy, *op. cit.*, p. 695.

dans l'article 68. D'ailleurs, en dehors de la charte municipale de 1884, il faut également consulter les lois administratives spéciales relatives aux forêts, aux établissements charitables, dans lesquelles il est incidemment question des délibérations du Conseil municipal.

§ 1er. — **Préfet**

Aux termes de la loi du 5 avril 1884, article 68 « ne sont exécutoires qu'après avoir été approuvées par l'autorité supérieure les délibérations portant sur les objets suivants : 1° Les conditions des baux dont la durée dépasse dix-huit ans; 2° les aliénations et échanges de propriétés communales ; 3° les acquisitions d'immeubles, les constructions nouvelles... quand la dépense totalisée avec les dépenses de même nature pendant l'exercice courant, dépasse les limites des ressources ordinaires et extraordinaires, que les communes peuvent créer sans autorisation spéciale » (1).

Ce texte appelle les observations suivantes : l'acte de bail, au sens strict du mot, n'a plus besoin d'être approuvé (Cons. d'Et., 8 avril 1911). Pour l'aliénation des bois communaux, il faut se régler sur les circulaires des 5 septembre 1840 et 8 décembre 1852. D'autre part, l'article 68, n° 2, ne distinguant pas entre les biens immobiliers et les biens mobiliers, il en résulte que les ventes de meubles (y compris les créances et les rentes sur l'Etat) restent soumises à l'approbation préfectorale. (Décis. Int., 28 mars 1890). Enfin, quand les ressources dont il est parlé au texte (emprunts) nécessitent un décret ou une loi, le préfet ne doit, lui même, donner son approbation, qu'après que la loi ou le décret est intervenu (Cir. Int., 20 juill. 1888 et 26 février 1909).

En dehors de l'article 68, la loi municipale donne encore quelques indications se rapportant à la matière qui nous occupe. C'est d'abord l'article 114, relatif à la production des plans et devis, en vue d'une construction nouvelle ; approbation préfectorale. C'est encore l'article 115 sur les traités de gré à gré. La dernière rédaction de cet article date du 17 juin 1918 ; elle porte que « les traités de gré à gré pour les fournitures et transports, ne se rattachant pas directement à l'exécution des travaux, sont

1. Pour la fin de l'art. 68, nous renvoyons au texte même de la loi, tout en nous réservant de revenir, dans d'autres chapitres, sur telle ou telle disposition présentant un intérêt particulier.

approuvés dans tous les cas par le préfet ». La loi de 1918 a entendu viser également les traités relatifs aux pompes funèbres, et ceux portant concession, à titre exclusif, ou pour une durée de plus de trente années, des grands services municipaux.

Parmi les textes qui viennent incidemment, à traiter de matières communales et portent l'obligation de soumettre l'affaire dont il s'agit à l'approbation préfectorale, on retiendra, particulièrement, la législation qui s'étend de l'époque du Code Forestier jusqu'à nos jours (1).

§ 2. — Ministre

De l'ensemble de la réglementation qui va être citée, on dégagera, assez facilement, ce principe de la nécessité de l'accord entre les autorités locales. En prévision d'un défaut d'entente, on réserve le droit d'approbation à un supérieur assez élevé hiérarchiquement, en l'espèce le ministre (2).

---

1. Code Forestier, art. 94 : nombre de gardes particuliers, art. 103 : autorisation de partage sur pied des coupes de bois communaux.

Loi du 3 mai 1841, art. 13, al. 4 : Cession amiable, par les maires ou administrateurs des biens des communes et des établissements publics, après délibérations de leurs conseils respectifs, approuvées par le préfet, en conseil de préfecture. Cet art. 13 sert également de modèle pour déterminer la compétence pour les autorisations requises par l'art. 26.

Loi du 7 août 1851, art. 16 : Traités avec un établissement privé dans l'hypothèse d'insuffisance des hospices ou hôpitaux communaux.

Décret du 13 avril 1861, art. 1er : Conditions des souscriptions traitées pour la réalisation des emprunts des villes de moins de 100.000 fr. de recettes ; art. 6, n° 13). Travaux ordinaires et de simple entretien de bâtiments communaux dont la dépense n'excède pas 1.000 francs (compétence du sous-préfet).

Décret du 12 février 1872, art. 5 : Baux de ferme des octrois passés par adjudication conformément au décret du 17 mai 1809.

Loi du 20 août 1881, art. 16 : Vente d'un chemin rural désaffecté, délibération conforme du Conseil municipal.

Loi du 15 février 1902, art. 2 : règlements sanitaires communaux ; art. 7. arrêtés du maire précisant les mesures de désinfection à exécuter après certaines maladies.

Art. 12. Arrêtés du maire portant interdiction d'habiter.

Loi du 31 juill. 1913, art. 11, al. 4. Délibér. du Cons. municip. concernant le tracé de la ligne et l'emplacement des stations.

2. Code Forestier, art. 103 : Partage sur pied des coupes au cas de désaccord entre le conservateur et le préfet ; min. de l'Agriculture.

Loi du 30 octobre 1886, art. 11. Union de deux ou plusieurs communes pour l'entretien d'une école ; approbation ministérielle superposée à celle du Conseil départemental de l'instruction publique.

Décret du 22 février 1893, art. 2 et 3 : Création d'une école pratique de commerce et d'industrie, projets de construction d'acquisition, soumission de plans et devis.

Loi du 15 juillet 1893, art. 35 : Communes désirant avoir une organisa-

§ 3. — Président de la République

La compétence du chef de l'Etat, en ces matières, se justifie un peu de la même manière que précédemment. L'idée de supériorité hiérarchique est ici manifeste pour départager deux autorités en désaccord (exemple : Loi du 24 juillet, 1867 art. 17). Enfin, dans l'hypothèse des traités de gré à gré, la simple logique devait conduire à rapprocher la loi du 17 juin 1918 de l'art. 145 de la loi municipale. Il semble hors de conteste que le chef de l'État, compétent pour approuver le budget des villes, dont le revenu atteint 3 millions de francs, doit aussi connaître des traités de gré à gré concernant cette même catégorie de villes (1).

Dans certains cas, il est apparu nécessaire de soumettre à une procédure, assez rigoureuse pour écarter les décisions hâtives, des questions comme celle des changements de nom des communes, des modifications territoriales, des ventes de biens communaux. Grâce au Conseil d'Etat, agissant, ici, en tant que conseil consultatif, les parties sont assurées que les intérêts divers qui sont en jeu seront examinés avec soin (2).

---

tion spéciale en matière d'assistance médicale gratuite; ministre de l'Intérieur, avis du Cons. supérieur de l'assistance publique.

Loi du 14 juillet 1905, art. 20 : Taux de l'allocation au cas d'assistance à domicile. Approbation conjointe du Conseil général et du ministre de l'Intérieur.

1. Le président de la République statue seul, en vertu des textes ci-après :

Code forestier, art. 91 : Défrichement des bois des communes et établissements publics.

Loi du 3 mai 1841, art. 3 : Exécution des routes départementales, des canaux et chemins de fer d'embranchement, de moins de 20 kilomètres de longueur, des ponts et autres travaux de moindre importance.

Loi du 24 juillet 1867, art. 17 : concernant la Ville de Paris) : Délibérations réglementaires énumérées aux art. 1er et 9 de la loi lorsqu'il y a désaccord entre le préfet de la Seine et le Conseil municipal.

Loi du 5 avril 1884, art. 68, n° 7 et Ord. 10 juillet 1816 : Démonstration des rues et places publiques, quand ces dénominations constituent un hommage public.

Loi du 17 juin 1918 (art. 115, loi municipale). Les traités portant concession à titre exclusif, ou pour une durée de plus de 30 années, de grands services municipaux sont approuvés par décret, dans le cas où il s'agit de villes, dont le revenu est de 3 millions de francs au moins.

2. Loi du 5 avril 1884, art. 2 : Changement de nom d'une commune ;

Art. 6 : Modification à la circonscription territoriale des communes (dans le cas le plus général) ;

Art. 110 : Vente de biens mobiliers et immobiliers des communes, autres que ceux servant à un usage public, sur demande de tout créancier.

Loi du 9 juillet 1889, art. 2 (nouvelle rédaction en juin 1890) et 3 : Maintien de la vaine pâture, à la demande du conseil municipal, dans l'année

§ 4. — Conseil administratif

Lorsqu'il s'agit de questions présentant un caractère technique, les conseils administratifs sont tous désignés pour donner, ou refuser, leur approbation. Le vœu des lois, qui régissent l'enseignement, est d'avoir, pour chaque degré, d'assez nombreux conseils administratifs. Une approbation émanant du préfet n'aurait, en aucune façon, l'efficacité de celle résultant d'une délibération du Conseil départemental de l'instruction publique (1). Parfois, on restreint le pouvoir laissé au Conseil administratif, et on imagine, pour cela, la procédure assez ingénieuse de l'approbation de superposition. Le conseil ne statue que sous réserve de l'approbation ministérielle (2).

§ 5. — Conseil général

L'activité du Conseil général trouve à s'employer utilement, dès l'instant où il s'agit simplement de constater l'accord de volonté des parties intéressées à l'acte administratif en projet. C'est bien en ce sens que s'exprime l'art. 6 de la loi du 5 avril 1884 : « Le Conseil général statue définitivement et approuve le projet, lorsque les communes ou sections sont situées dans le même canton et que la modification réunit... l'adhésion des conseils municipaux et des commissions syndicales intéressées. » Cette activité sera encore mise à contribution lorsqu'une prescription légale risque de n'être pas observée ou d'être faussement appliquée. Il résulte d'un texte précis (3) que les com-

---

qui a suivi la promulgation de la loi, lorsque le Conseil général est hostile à ce maintien.

Loi du 31 juillet 1913 concernant les voies ferrées d'intérêt local, art. 9 : Etablissement d'une section de ligne sur une commune voisine ; art. 10 : Déclaration d'utilité publique d'une voie ferrée d'intérêt local, lorsqu'il n'est pas fait appel à la subvention de l'Etat.

1. Loi du 30 octobre 1886, art. 11 : Remplacement dans une commune de plus de 500 habitants d'une école de filles par une école mixte ; il appartient au Conseil départemental de l'Instruction publique de donner l'approbation.

Loi du 30 octobre 1886, art. 25, § 4 : Même système pour permettre aux instituteurs de remplir les fonctions de secrétaire de mairie.

2. L'approbation superposée est prévue.

1° Pour autoriser des communes voisines à se syndiquer, pour n'avoir qu'une école ;

2° Pour autoriser les instituteurs à diriger des écoles mixtes par dérogation à la règle générale.

3. Loi du 21 juillet 1870, art. unique.

munes ne peuvent appliquer aux chemins publics ruraux l'excédent de leurs prestations disponibles, qu'après avoir assuré l'entretien de leurs chemins vicinaux, et fourni le contingent qui leur est assigné pour les chemins de grande communication et d'intérêt commun. Enfin, lorsqu'il faut faire preuve d'une exacte connaissance des besoins locaux, il est normal que le Conseil général exerce les pouvoirs. Il serait fâcheux de les voir attribuer à l'autorité supérieure (1).

§ 6. — Commission départementale (2)

§ 7. — Approbation législative

Par la nécessité de l'approbation législative, on espère lutter contre la multiplication trop grande des communes (3), ou encore on se propose d'empêcher les municipalités de s'engager dans des programmes de travaux publics trop vastes et dont la nécessité ne serait pas absolument démontrée, (4)

---

1. Lois du 10 août 1871, art. 46, n° 24 et 5 avril 1884, art. 68, n° 13 : Etablissement, suppression, changement des foires et marchés d'approvisionnement.

Loi du 9 juillet 1889, art. 2 et art. 3 (modifié par la loi du 22 juin 1890): Rétablissement de la vaine pâture à la demande du Conseil municipal, dans l'année qui a suivi la promulgation de la loi, lorsque le Conseil général est d'accord avec le Conseil municipal. De même procède-t-on pour la suppression de la vaine pâture.

Loi du 14 juillet 1895, art. 20 : taux arrêté par le Conseil municipal de l'allocation accordée aux vieillards... l'approbation du Conseil général est, elle-même, soumise à l'approbation ministérielle.

2. Loi du 10 août 1871, art. 86, al. 3 : Approbation des abonnements relatifs aux subventions spéciales pour la dégradation des chemins vicinaux, conformément au dernier paragraphe de l'art. 14 de la loi du 21 mai 1836, et de l'art. 11 de la loi du 20 août 1881.

Art. 87 : Approbation du tarif des évaluations cadastrales. Nous nous refusons, par contre, à suivre les auteurs qui qualifient d'approbations les arrêtés de reconnaissance des chemins ruraux (loi du 20 août 1881, art. 4) pris par la commission départementale, sur proposition du préfet, après détermination, par les conseils municipaux, des chemins ruraux à reconnaître.

3. Loi du 5 avril 1884, art. 5 : érection d'une commune nouvelle ; art 6: modification à la circonscription.

4. Loi du 3 mai 1841, art. 3 : utilité publique et exécution de grands travaux communaux. Loi du 31 juill. 1913, art. 10 : « l'utilité publique des chemins de fer d'intérêt local créés par les départements et les communes est déclarée, et l'exécution en est autorisée par une loi, lorsqu'il est fait appel à une subvention de l'Etat.

c) DÉCISIONS DU CONSEIL GÉNÉRAL

L'approbation est donnée soit législativement, soit en vertu d'un décret ou d'un arrêté ministériel. Les considérations exposées à propos des délibérations du Conseil municipal se retrouvent, en grande partie, pour celles du Conseil général.

L'approbation législative se justifie par le désir de limiter les programmes de travaux publics, de façon à ne pas dépasser les facultés financières du département (1). Nous retrouvons aussi le décret simple ou en Conseil d'Etat (2) avec la même valeur juridique que précédemment. Dans un cas comme dans l'autre, c'est l'idée de départager deux autorités en désaccord qui prédomine. Parfois, la contestation n'est même pas apparue, mais elle est à craindre (3). Enfin, le ministre est compétent pour ce qui a trait aux édifices départementaux (4).

d) DÉLIBÉRATIONS D'UN CONSEIL ADMINISTRATIF SOUMISES A APPROBATION

A) L'examen du décret du 21 juillet 1897 permet de distinguer nettement deux grandes catégories de délibérations : 1° celles qui sont définitives, sauf possibilité d'un recours au Conseil d'Etat (Cons. d'Etat, 9 février 1900. Dall. 1901.3.44) ; 2° celles qui ne sont exécutoires qu'après approbation du ministre.

B) La législation concernant le Conseil départemental de l'Instruction publique contient d'assez nombreuses dispositions,

---

1. Loi du 3 mai 1841, art. 2 et 3 : Déclaration d'utilité publique et exécution de grands travaux départementaux. Loi du 31 juillet 1913, art. 10 (voir note 3).

2. Loi du 31 juillet 1913, art. 6 : Etablissement d'une ligne sur un département voisin. Art. 10 : Déclaration d'utilité publique d'une voie ferrée d'intérêt local, lorsqu'il n'est pas fait appel à la subvention de l'Etat.

3. Loi du 9 août 1879, art. 1er : Union de deux départements, en vue de la construction, et de l'entretien en commun d'une école normale ; le décret est rendu sur avis conforme du Conseil supérieur de l'instruction publique.

Dans ce dernier cas il n'est besoin que d'un décret simple de même que d'après la loi du 3 mai 1841, art. 3, pour l'exécution des routes départementales et travaux de moindre importance.

4. Loi du 9 août 1879, art. 5. Plans et devis relatifs à la construction d'écoles normales. Décret du 22 février 1893, art. 2 et 3 : création d'une école pratique de commerce et d'industrie ; projets de constructions. Loi du 28 juin 1904, art. 2 et 3. Traités passés par les départements, en vue du placement des pupilles de l'assistance difficiles ou vicieux. Loi du 14 juill. 1905, art. 20 (p. 49 en note).

soumettant les délibérations de ce corps à l'autorisation du pouvoir central. Il nous suffit de renvoyer à l'article 11 de la loi du 30 octobre 1886 qui reconnaît et réglemente l'union de deux ou plusieurs communes, pour l'entretien d'une école. Nous avons souligné, en son temps, l'intérêt qui s'attache aux autorisations superposées. Nous n'y insisterons pas de nouveau.

e) CULTES

Depuis la loi du 9 décembre 1905, concernant la séparation de l'Eglise et de l'Etat, les nombreux cas d'autorisation, qui venaient limiter la liberté des fabriques et consistoires, ne présentent plus qu'un intérêt historique. C'est un point de vue que le cadre de ce travail ne nous permet pas d'envisager. Un principe, toutefois, nous semble devoir être retenu, parmi ceux qui ont dominé les textes, aujourd'hui disparus. Ce fut, en effet, presque un système, que l'absence de décentralisation des affaires relatives aux cultes, pratiquée au siècle dernier. Si l'on en doutait, il semble que le décret du 25 mars 1852 devrait faire cesser tout malentendu à cet égard.

f) ASSOCIATIONS

La loi du 1er juillet 1901 peut être qualifiée de générale, en ce sens qu'elle n'établit aucune distinction entre les associations admises à bénéficier de ses dispositions. Elle contient, de plus, une déclaration de principe interdisant les autorisations destinées à entraver la libre formation des associations de personnes (art. 2). Ce préambule est destiné à faire admettre sans discussion que la législation actuelle étudie l'association selon les mesures de publicité prises par elle, et non selon le parti politique auquel elle appartient. On ne peut s'empêcher, toutefois, de songer à l'article 13, spécifiant qu'aucune congrégation religieuse ne peut se former sans une autorisation donnée par une loi déterminant, d'ailleurs, les conditions de fonctionnement. La même procédure doit être utilisée pour tout établissement nouveau.

Si, d'autre part, nous prenons l'association sous son aspect juridique le plus favorable, c'est-à-dire lorsqu'elle est reconnue d'utilité publique, il n'échappe à personne que la jurisprudence du Conseil d'Etat concernant les statuts-types aboutit à soumettre à une véritable autorisation les associations qui voudraient se constituer suivant le titre II de la loi de 1901. On objectera que la conséquence n'est pas bien grave, puisque la loi admet les associations clandestines. Le régime préventif absolu exigerait que le refus d'autorisation ou de reconnaissance fût un obstacle absolu à l'existence de l'association.

Contre ce raisonnement, nous ferons valoir qu'il est telle hypothèse, où une société ne peut remplir le but qu'elle s'est assignée, qu'en sollicitant la reconnaissance. Un refus, dès lors, compromettrait les bases de la société. Or, il est constant que le refus de reconnaissance d'utilité publique est, avec la jurisprudence actuelle, en tous points assimilable à un refus d'autorisation. « C'est à prendre ou à laisser. Une œuvre qui ne promettra pas sa soumission à ce régime, ne sera pas reconnue comme établissement d'utilité publique » (1). Le savant auteur ajoute même que dans la formule exigée, en fait, le Conseil d'Etat a inséré (art. 20 à 22) l'engagement spontané de se soumettre à la surveillance administrative. Une telle surveillance suppose : *a*) la présentation des registres et pièces de comptabilité à toute réquisition ; *b*) l'envoi d'un rapport annuel et de comptes au préfet, au ministère de l'Intérieur, et au ministère auquel se rattache indirectement l'association ; *c*) le droit de visite, pour les représentants de l'administration ; *d*) la soumission des règlements à l'approbation du ministre de l'Intérieur.

Nous appelons l'attention sur le procédé qui consiste, au moyen de la menace de refus, à créer de toutes pièces, une autorisation (règlements approuvés par le ministre, articles 20 et 22, de la formule des statuts types).

L'association qui a obtenu la reconnaissance ne jouit pas d'une capacité pleine. L'article 910 du Code civil et la loi du 4 février 1901 nous fixent immédiatement : en ce qui concerne les dons et legs faits aux établissements d'utilité publique, on doit en référer au préfet du département, où est le siège de l'établissement. Dans l'article 2 la règle ancienne de l'article 910 du Code civil est conservée et les donations consistant en immeubles, d'une valeur supérieure à 3,000 francs nécessitent une autorisation.

g) HYGIÈNE PUBLIQUE

Le régime d'autorisation est, assez souvent, employé en matière d'hygiène publique ; il peut être étudié en prenant pour

1. Berthélemy, *op. cit.*, p. 313, note 1.

base les principaux textes se rapportant à la salubrité, savoir : la réglementation des établissements dangereux insalubres et incommodes ; celle concernant les eaux minérales ; la législation sur les sépultures, et les lois des 21 juillet 1881 (police sanitaire des animaux) (1) et 15 février 1902 (santé publique).

La réglementation des industries dangereuses insalubres ou incommodes a connu un régime d'exception, pendant la guerre (décret du 12 décembre 1915) et pendant la période de reconstitution industrielle (Loi du 10 mars 1919). Entre-temps, était intervenue la nouvelle charte en la matière, la loi du 19 décembre 1917. Le maintien de la jurisprudence antérieure concernant la réserve du droit des tiers, l'unification de la procédure d'autorisation pour les deux premières classes d'établissements, le régime libéral de la déclaration avec récépissé pour les établissements de troisième classe, autrefois confondus dans la nécessité de l'autorisation, tels sont les principes dominants de la législation qui a abrogé le décret de 1810. Nous aurons d'ailleurs l'occasion de revenir plus tard sur les aspects particuliers de cette réglementation.

Le principe posé par l'ordonnance royale du 18 juin 1823 est toujours en vigueur : il faut une autorisation administrative, tant pour les fabriques, que pour les dépôts d'eaux minérales artificielles. Seulement, on a varié quant à la compétence. En 1823 on précise que le ministre de l'Intérieur est chargé d'exercer ce contrôle. Par un décret du 17 octobre 1906, on a rattaché au ministère de l'Agriculture le service d'inspection des pharmacies, drogueries, herboristeries, fabriques ou dépôts d'eaux minérales artificielles ou naturelles. Il fut suivi d'un décret du 26 novembre 1921 relatif à l'inspection chargée de découvrir ceux qui ne sont pas munis de l'autorisation. Entre-temps, était intervenu le décret du 13 avril 1861, article 2, n° 7 et 8, attribuant compétence au préfet pour les fabriques et dépôts d'eau en question.

La police des sépultures est exercée par le maire (2) le préfet (3), et parfois le préfet de police. Les pouvoirs, très grands,

1. La clavelisation des troupeaux infectés ne devra pas être exécutée sans autorisation du préfet (Loi du 21 juillet 1881, art. 11). Cette loi ne contient pas d'autres détails ayant trait à notre matière.

2. Cf *supra*, autorisations délivrées par le maire.

3. Le préfet connaît des autorisations suivantes :

Décret du 27 avril 1889, art. 4. Déplacement d'un cadavre, hors des limites de la commune ou de l'arrondissement.

Art. 5 : Demandes du Conseil municipal tendant à la création de Chambres funéraires (enquête *de commodo* et avis du Conseil d'hygiène.

Art. 17 : Mise en usage d'un appareil crématoire.

conférés au maire, par la loi de 1902 (1) sur la santé publique, nous permettent d'apprécier la sagesse du législateur, qui a prévu, dans ce texte, diverses autorisations préfectorales (2).

h) DOMAINE DE L'ÉTAT DES DÉPARTEMENTS ET COMMUNES

Le bénéfice des opérations de procédure est surtout sensible lorsqu'il s'agit d'empêcher qu'un acte d'aliénation, d'acquisition, de bail, soit passé hâtivement, sans consultation des intérêts en jeu. Tel est le cas, notamment, pour les actes d'administration du domaine privé de l'État, des départements et communes.

Les actes d'aliénation, relatifs au domaine privé de l'État nécessitent diverses autorisations. D'après un texte, en date du 1er juin 1864, une loi spéciale est nécessaire pour la vente d'immeubles dont la valeur excède un million. Le même procédé est utilisé pour les ventes de forêts. Sans doute, la loi du 22 novembre 1790 laissait subsister l'inaliénabilité pour les grandes masses de forêts, mais cette dernière exception fut abolie par la loi du 25 mars 1817. Par conséquent, actuellement, les forêts sont aliénables et prescriptibles (Cass., 27 juin 1851, § 55.1.597). Le législateur s'est également réservé de vendre les îles, îlots du littoral, châteaux forts ou batteries déclassées (Loi du 29 août 1905) (3). L'échange est opéré par le ministre des Finances, sauf approbation par une loi des conditions de cet échange (4). Pour les concessions, faites sur le domaine privé de l'État, l'autorisation de passer l'acte est, en principe, donné par une loi selon les mêmes distinctions que celles observées pour la déclaration d'utilité publique, en matière d'expropriation (Loi du 27 juillet 1870).

Les départements et communes ne jouissent pas de la même manière de la liberté d'utiliser les modes d'acquérir des personnes privées. Le début de l'article 68 de la loi municipale

1. Décret du 27 avril 1889, art. 3.

2. Loi du 15 février 1902, art. 2. Les règlements sanitaires communaux... sont approuvées par le préfet, après avis du Conseil départemental d'hygiène.

Art. 10 : Interdiction d'épandre des engrais humains, et de forer des puits dans le périmètre d'une source.

Art. 12 : Approbation de l'arrêté du maire portant interdiction d'habiter.

3. V. *supra*, p. 22 en note, autorisations législatives.

4. Un décret en Conseil d'État est requis pour approuver l'échange d'un immeuble domanial, autre qu'une forêt, et dont la valeur ne dépasse pas 50.000 francs.

nous enseigne qu'il faut une approbation pour les baux, dont la durée dépasse dix-huit ans ; les aliénations et échanges de propriétés communales ; les acquisitions d'immeubles ; pour les constructions nouvelles, reconstructions entières ou partielles, les projets plans et devis de grosses réparations et d'entretien, enfin pour les transactions et changements d'affectation d'une propriété communale. L'article 46 de la loi du 10 août 1871 correspond, en partie, pour le département, au texte que nous venons de rappeler, mais il est rédigé dans un esprit tout différent. La délibération du Conseil général est définitive, dans tel cas précis, où celle du Conseil municipal est soumise à l'approbation. Tenons pour établi que les acquisitions, aliénations, échanges de propriétés départementales, baux et affectations des édifices, ne présentent aucune particularité, et que le Conseil général possède, à lui seul, la liberté de décision.

Cette séparation (1) très nette, entre les départements et communes, résultant des grands textes de 1871 et 1884, dont un seul admet le mécanisme de l'autorisation pour les modes d'acquérir de droit privé, ne doit pas cependant nous égarer. Relativement au domaine privé des départements et communes, il existe des lois rédigées dans le sens d'une égalité de traitement, tant pour l'une que pour l'autre de ces personnes morales. C'est, d'abord l'article 13 de la loi du 3 mai 1841, dont l'alinéa 4 est à retenir : « Les préfets pourront dans le même cas (cession amiable en matière d'expropriation) aliéner les biens des départements, s'ils y sont autorisés par délibération du Conseil général, les maires... pourront aliéner les biens des communes... s'ils y sont autorisés par délibération du Conseil municipal, approuvée par le préfet, en Conseil de préfecture ». C'est encore l'article 46 de la loi du 10 août 1871 qui établit une restriction à la liberté du Conseil général concernant le changement de destination de certains édifices départementaux. La désaffectation des hôtels de préfecture et de sous-préfecture, des locaux affectés aux cours d'assises, aux tribunaux, aux écoles normales, au casernement de la gendarmerie et aux prisons ne peut se faire qu'avec l'agrément du gouvernement (2). Un décret devient également nécessaire lorsqu'une commune veut désaffecter des immeubles utilisés pour des services généraux comme les

1. Une autre différence entre le département et la commune concerne la transaction. Cf. art. 46, n° 16, l. du 10 août 1871 et art. 68, n° 4, de la loi municipale.

2. Le décret est simplement suspensif d'exécution, art. 48 et 49, loi de 1871.

casernes ou les bâtiments universitaires. C'est enfin la loi du 4 février 1901 portant que les dons et legs, faits au département(1) ou à la commune(2) sont acceptés par les conseils dans l'hypothèse où il n'y a pas réclamation de la famille. Lorsque le don ou le legs donne lieu à réclamation de la famille, il faut un décret, en Conseil d'État, tant pour approuver la délibération du Conseil général (3) que celle du Conseil municipal.

i) RÉGIME DES EAUX

Le régime des eaux, envisagé d'une façon générale, tel qu'il résulte de la loi de 1898, ne doit pas retenir uniquement notre attention. Les lois spéciales aux industries électriques présentent, ainsi que nous aurons à le remarquer, un intérêt évident pour l'étude de la figure juridique de l'autorisation.

La loi de 1898 (8 avril) se borne, en effet, à soumettre à une approbation les arrêtés préfectoraux fixant les limites des fleuves et rivières navigables (art. 36). Diverses précautions accompagnent également l'arrêté d'autorisation de prise d'eau : enquête, avis des ingénieurs et recours au ministre (art. 40 et 41). Il y a même obligation de ne délivrer qu'une autorisation limitée, si les établissements projetés modifient le régime, ou le niveau des eaux (art. 42). Au surplus, dans l'impossibilité de tout prévoir, le législateur indique que les « autres autorisations ne peuvent être accordées que par décrets rendus, après enquête, sur l'avis du Conseil d'État ».

Beaucoup plus intéressante, au point de vue théorique, est la loi du 16 octobre 1919, sur l'utilisation de l'énergie hydraulique. Les autorisations, prévues par ce texte, présentent, toutes, ce trait caractéristique de se rapprocher, autant que possible, des permissions de voirie. « Elles ne doivent pas avoir une durée de plus de soixante-quinze ans. Elles ne font pas obstacle à l'octroi de concessions nouvelles, ni à l'application des articles 4 et 6. A toute époque, elles peuvent être révoquées ou modifiées sans indemnité dans les cas prévus par les lois en vigueur sur le régime des eaux » (4). De plus, « le permissionnaire est assujetti au paiement d'une taxe, dont le taux et le mode de recouvrement sont réglés par les articles 8 et 22 sans

---

1. Art. 46, alinéa 5 nouveau de la loi de 1871.
2. Art. 111 de la loi municipale.
3. Art. 53, loi de 1871.
4. Art. 16, § 1-1' les autorisations sont accordées par arrêté préfectoral.

préjudice, en ce qui concerne les entreprises établies sur les cours d'eau du domaine public, des redevances domaniales qui seraient fixées par l'acte d'autorisation, conformément à la réglementation actuellement existante. »

Quant aux droits de l'administration, on peut admettre qu'ils sont suffisamment sauvegardés par le fait des clauses très compréhensives qu'on peut insérer dans le modèle du règlement d'eau, à appliquer aux entreprises autorisées. Par suite de la façon unilatérale, dont ce règlement est préparé (1), l'assujetti n'est pas admis à discuter l'opportunité des mesures dans la limite desquelles il doit exercer son activité.

En d'autres termes, la loi de 1919 est restée fidèle aux principes généraux en distinguant (2) sous des titres différents deux cas : *a*) celui où le particulier, appelé à jouir privativement du domaine public, passe avec l'administration un contrat dont le type le plus usuel est la concession de travaux publics ; *b*) celui où aucune convention n'est intervenue entre l'administration et le permissionnaire, celle-ci se bornant purement et simplement à autoriser.

La loi du 15 juin 1906 (3) sur les distributions d'énergie électrique procède, elle aussi, par embranchement, mais ici les distinctions sont plus nombreuses. On peut discerner, en s'inspirant de ce texte : 1° la liberté absolue, pour les distributions d'énergie électrique situées sur des terrains privés, à plus de 10 mètres d'une ligne télégraphique ou téléphonique ; 2° l'autorisation préalable pour les distributions qui sont placées sur des terrains privés, à moins de 10 mètres des dites lignes ; 3° la permission de voirie, qui est utilisée lorsqu'une distribution

1. Des règlements d'administration publique fixeront... 2° le modèle du règlement d'eau pour les entreprises autorisées ; 3° le texte des cahiers des charges, types des entreprises concédées.

2. La distinction entre le régime de la concession et celui de l'autorisation est opérée par la loi de la manière suivante : « Sont placés sous le régime de la concession :

1° Les entreprises qui ont pour objet principal la fourniture de l'énergie à des services publics de l'Etat, des départements, des communes, et des établissements publics, ou à des associations syndicales autorisées, et dont la puissance maximum (produit de la hauteur de la chute par le débit maximum de la dérivation excède 50.000 kilowatts ;

2° Les entreprises dont la puissance maximum excède 500 kilowatts, quel que soit leur objet principal.

Sont placées sous le régime de l'autorisation, toutes les autres entreprises. Dans les deux cas, elles sont limitées à 75 ans au maximum.

3. Autorisation par le préfet en conformité de l'avis émis par l'administration des postes, dans un délai de trois mois, à partir de la demande (art. 4), clauses techniques déterminées selon l'art. 19.

d'énergie emprunte, sur tout ou partie de son parcours, les voies publiques ; 4° le régime des concessions, qui se subdivise en concessions simples, et en concessions déclarées d'utilité publique.

Une classification aussi fouillée est-elle nécessaire, pour la rédaction des lois à venir ? Nous penchons pour la négative et le législateur lui-même semble avoir renoncé à la complication des subdivisions, en se bornant, dans la loi du 18 octobre 1919 à ne prévoir que deux régimes possibles : autorisation ou concession.

k) VOIRIE TERRESTRE

Il faut étudier les lois concernant la voirie, sans négliger les règlements (1). On se rend facilement compte que, par suite d'une construction juridique spéciale, la doctrine et la jurisprudence ont tiré de certains textes des conséquences particulières. Rien de plus significatif à cet égard, que l'interprétation de l'article 681 du Code civil. Le droit du propriétaire fut présenté, non comme une servitude, mais comme un droit *sui generis* de nature administrative. Par conséquent, l'autorité administrative s'est trouvée compétente pour réglementer les conditions dans lesquelles le riverain doit assurer l'écoulement des eaux pluviales.

En vertu de ces pouvoirs, reconnus à l'autorité administrative, le règlement général sur les chemins vicinaux, du 6 décembre 1870 (art. 172-4°) et le règlement général sur les chemins ruraux du 3 janvier 1883 (art. 77-4°) disposent que « nul ne pourra sans y être préalablement autorisé, déverser sur le sol des chemins des eaux quelconques ». L'autorisation ne peut être refusée sans excès de pouvoir, si les eaux rentrent dans la catégorie de celles que les riverains ont le droit d'écouler (Cass., 25 mars 1869, Saupin). Dans le même règlement général nous trouvons une autorisation dérivant d'une prohibition : « les propriétaires riverains ne peuvent, à moins d'une autorisation expresse, effectuer aucun ouvrage qui pourrait apporter un empêchement au libre écoulement des eaux de la route ». Rè-

1. L'art. 21 de la loi du 21 mai 1836 donne, au préfet, le pouvoir de faire des règlements pour la conservation des chemins vicinaux. Mais il faut interpréter tout autrement, puisque la loi du 10 août 1871 a transporté dans tous les cas, au Conseil général, ou à la commission départementale, statuant sur l'avis des Conseils municipaux, les attributions qui appartenaient autrefois au préfet.

glement du 6 décembre 1870, article 201-11° et du 3 janvier 1883, article 103-11°. Parfois, dans l'élaboration de ces règlements on en appelle de l'administration inférieure à l'administration supérieure (1).

Quant à la législation, elle fait encore, ici, une distinction entre le département et la commune. Au nombre des délibérations définitives du Conseil général, nous relevons (art. 46-7°, loi de 1871) le classement des chemins vicinaux de grande communication et d'intérêt commun et, article 46-8°, le déclassement des routes départementales, des chemins vicinaux de grande communication, et d'intérêt commun. La loi municipale exige une approbation de l'autorité supérieure pour les délibérations du conseil portant « classement, déclassement, redressement ou prolongement, élargissement, suppression ou dénomination des rues et places publiques ; création et suppression des promenades, squares ou jardins publics, champs de foire, de tir ou de course ; établissement des plans d'alignement (2) et de nivellement des voies publiques municipales, modifications à des plans d'alignement adoptés ». L'approbation prévue est une approbation préfectorale. Au contraire, la loi du 21 juin 1898 s'en remet au Conseil de préfecture, pour habiliter le maire à faire procéder d'office, et aux frais du propriétaire, aux travaux de démolition, prévus par la loi (art. 4).

Parmi les décrets se rapportant à notre sujet, il convient de citer celui du 13 avril 1861, tableau C, n° 6. Par exception aux règles générales, quand il s'agit d'un échange entre les propriétaires des terrains nécessaires à la confection d'une route nouvelle, et l'Etat, propriétaire du sol d'une route abandonnée, l'opération peut avoir lieu à l'amiable (Loi du 20 mai 1836, art. 4). Le contrat d'échange est, alors, approuvé par le préfet, en conseil de préfecture, après avis de l'administration des domaines (D. 13 avril 1861 précité). On peut encore trouver quel-

1. Pour assurer l'exécution de la présente loi, le préfet de chaque département fera un règlement général sur les chemins ruraux reconnus. Ce règlement sera communiqué au Conseil général, et transmis, avec ses observations, au ministère de l'Intérieur pour être approuvé, s'il y a lieu, (Loi du 20 août 1881, art. 8).

2. Les plans généraux d'alignement, dressés par l'administration des ponts et chaussées, ou par les agents voyers, supposent des consultations diverses, suivant qu'il s'agit de chemins vicinaux de routes départementales, ou de routes nationales. Les plans de la grande voirie et des rues de Paris sont approuvés, par décret, en Conseil d'Etat. Les plans de la voirie urbaine (sauf pour Paris) demandent une approbation du préfet. Enfin les plans des chemins vicinaux sont approuvés, soit par le Conseil général, soit par la Commission départementale.

ques indications dans le Décret du 24 février 1864, article unique : « Pour les travaux concernant les routes départementales, l'approbation préfectorale doit s'appliquer aux projets des ingénieurs et aux adjudications. »

l) INTERVENTIONS ADMINISTRATIVES DIVERSES

En dehors de toutes les hypothèses que nous venons d'examiner, la surveillance de l'administration s'est annexée de nouveaux domaines et a tenté de suivre les progrès mêmes des législations nées d'hier. Qu'il s'agisse d'agriculture, d'enseignement, de protection légale des travailleurs, l'activité administrative se retrouve partout et la formule de l'autorisation en est élargie d'autant.

L'intervention administrative s'observe, en premier lieu, en matière d'agriculture. Les autorités préposées à ce soin ne comprennent pas uniquement des ministres (1) ou des préfets (2), compris, par définition, dans la hiérarchie ; mais encore des établissements publics, constitués spécialement en vue de l'agriculture. Nous avons déjà fait connaître les autorisations auxquelles sont soumises les Chambres d'agriculture (v. chap. sur les établissements publics), il nous reste ici à souligner que l'administration n'hésite pas à intervenir par l'intermédiaire de la chambre. La loi du 25 octobre 1919 prévoit, en effet, que « nul ne pourra effectuer un déboisement dans la circonscription de la Chambre d'agriculture (3), sans l'autorisation de la Chambre, et dans les conditions qu'elle déterminera » (art. 38) (4).

---

1. Loi du 2 juin 1891 : sur le fonctionnement des courses de chevaux. Décret du 10 août 1899, art. 31, § 2 : Courses de voitures automobiles lorsque le parcours comprend plusieurs départements (autorisation du ministre de l'Intérieur. Avis des préfets des départements traversés, sans préjudice de l'avis des chefs de service de voirie, et de l'agrément des maires des communes traversées.

2. Décret du 10 août 1899, art. 31, § 1er : Courses de voitures automobiles dans la limite d'un seul département. Autorisation du préfet et avis conformes.

3. Le professeur Berthélemy écrit, dans une de ses dernières éditions : « A la lecture des articles 36 et suivants, on voit que beaucoup de choses ont été prévues. On peut estimer que c'est trop (complications prétextes à rapports à inaction). On a voulu donner aux Chambres d'agriculture (il y a bien des Chambres de commerce et des syndicats agricoles) conscience de leur force, on leur a donné aussi la force d'être gênantes, » 9e édit, 1921, p. 814.

4. Voir également, concernant l'agriculture, la loi du 29 mai 1874, sur les haras et remontes, et celle du 14 août 1885, relative à la surveillance des étalons.

5 Pour ce qui a trait aux mesures de tutelle concernant l'enseigne-

Le Code du Travail réglemente (autorisation délivrée par l'autorité municipale) l'existence des bureaux de placement payants. On espère, par là, éliminer les personnes d'une moralité douteuse (Livre Ier, art. 88). Les dérogations au repos hebdomadaire nécessitent une autorisation préfectorale, augmentée d'avis du conseil municipal, de la chambre de commerce de la région, et des syndicats patronaux et ouvriers intéressés de la commune, donnés dans le délai de un mois (Livre II, art. 35 et 36). Il est fait appel à l'autorisation ministérielle (ou préfectorale) dans le cas de l'emploi exceptionnel d'un ou plusieurs enfants, dans les théâtres pour la représentation de pièces déterminées.

Si nous examinons l'évolution historique de la prévoyance privée, nous voyons que l'autorisation administrative a occupé naguère une place assez importante. Les caisses d'épargne furent, anciennement, des banques privées, et lorsque, sous la monarchie de juillet, elles sollicitèrent l'intervention de l'Etat, elles furent l'objet de la loi du 5 juin 1835, soumettant leur constitution à une autorisation du gouvernement. De même, les sociétés de secours mutuels furent astreintes, à une certaine époque, à pareille réglementation. De nos jours, il faut signaler l'emploi de la procédure d'enregistrement (1), qui fonctionne, en particulier, pour les entreprises, dans les opérations desquelles intervient la durée de la vie humaine. La procédure se rapproche beaucoup de celle de l'autorisation. Le refus d'enregistrement doit être motivé par une infraction, soit aux lois qui régissent les sociétés, soit aux décrets prévus par la loi organique limitant les opérations des sociétés. Les intéressés ont à leur disposition le recours pour excès de pouvoir, devant le Conseil d'Etat, qui devra statuer dans les trois mois (2). Le préventisme permet, ici, de limiter, *de plano*, les agissements de financiers sans scrupules, qui tenteraient, sous le couvert d'opérations d'assurances, de s'attaquer à la petite épargne.

Les services publics d'assistance n'excluent pas les œuvres

---

ment nous renvoyons purement et simplement à notre chapitre relatif aux décisions du conseil municipal soumises à approbation et à ce que nous avons dit de l'approbation donnée par un conseil administratif.

1. Loi du 17 mars 1905, art. 2 : Entreprises dans les opérations desquelles intervient la durée de la vie humaine.

Loi du 19 décembre 1907, art. 2 : Sociétés de capitalisation.

Loi du 3 juillet 1913, art. 9 : Sociétés d'épargne notamment celles qui ne répartissent le produit intégral de la capitalisation que dans un délai supérieur à quinze années à compter du premier versement.

2. Cf. Loi des 17 mars 1905, art. 3 et 19 décembre 1907, art. 3.

privées qui peuvent être constituées sous la forme d'une association, régie par la loi du 1er juillet 1901. On en déduit cette conséquence que sa formation ne relève pas d'une autorisation, réserve faite du cas d'une congrégation religieuse. Si l'œuvre est créée par un particulier, l'État n'a pas davantage de pouvoirs d'autorisation ou de fermeture (avis du Cons. d'État du 14 janvier 1892. S. Lois 1893, page 440). Cependant, il n'y a là rien d'absolu, et on ne peut oublier que certains textes tiennent un tout autre langage : loi du 30 juin 1838, article 5 : établissements privés d'aliénés ; — loi du 16 pluviôse an XII, article 1er ; monts de piété ; — loi du 5 août 1850 ; colonies pénitentiaires ; — loi du 30 octobre 1886, article 9 : écoles privées ; — loi du 24 juillet 1889 : enfants maltraités et abandonnés ; — décret du 2 mai 1897 ; crèches.

On peut relever un trait commun à presque tous les textes : ils se préoccupent d'organiser une surveillance autour des établissements privés recevant des personnes, dont la volonté est débile, tels que les aliénés et les enfants (1). L'intervention se précise également, lorsque le service d'assistance se double d'un service intéressant l'hygiène et la salubrité (2). Enfin, cer-

---

1. Ordonnance du 18 décembre 1839, titre II. Ouverture d'un établissement privé destiné aux aliénés. La demande doit indiquer le nombre, et le sexe des pensionnaires que l'établissement peut contenir, les indications seront mentionnées dans l'acte d'autorisation. Ce document administratif détermine également le montant du cautionnement, qui devra servir à empêcher les conséquences fâcheuses d'une brusque cessation du service de l'établissement privé (art. 24 et 26).

Loi du 24 juillet 1889, titre II : permet aux parents incapables d'élever leurs enfants, de faire abandon de leurs droits de puissance paternelle. Les particuliers ou les sociétés de bienfaisance qui veulent exercer des droits sur les enfants ainsi abandonnés, doivent être spécialement autorisés, à cet effet.

Loi du 28 juin 1904, art. 1er : Associations de bienfaisance et établissements privés qui désireraient être autorises à recevoir et à élever des pupilles de l'Assistance publique, difficiles ou vicieux (autorisation du ministre de l'Intérieur). Cf. règlement d'administration publique du 5 novembre 1909.

Loi du 11 juin 1908, et décret réglementaire du 11 avril 1908, art. 4. Personnes et associations voulant former ou diriger un établissement privé, susceptible de recevoir les mineurs, auxquels il est fait application des dispositions concernant la prostitution. L'arrêté ministériel d'autorisation fixe le nombre maximum de pensionnaires, et le montant du cautionnement.

Loi du 27 juillet 1917, art. 26 : Particuliers, fondations, associations, groupements demandant à recevoir les pupilles de la nation. Arrêté du préfet, sur avis de l'office départemental, ou arrêté du ministre de l'Instruction publique.

2. Loi du 23 décembre 1874, art. 11. Ouverture d'un bureau de nourrices; exercice de la profession d'intermédiaire pour le placement des

tains actes de la vie communale sont soumis à la nécessité de l'autorisation. Rentrent dans cette catégorie, les communes ou syndicats de communes demandant à avoir une organisation spéciale pour l'assistance médicale gratuite. L'avis du Conseil supérieur de l'assistance publique, l'autorisation du ministre de l'Intérieur, sont les deux formalités prévues. En cas d'urgence, l'avis de la section du Conseil suffit (loi du 17 avril 1906). On peut citer, dans le même sens, l'autorisation préfectorale contenue dans la loi du 17 juin 1913, article 10 (1).

m) SERVITUDES ET PROHIBITIONS

L'application des lois régissant les servitudes d'utilité publique peut parfois être suspendue, dans un cas particulier, en vertu d'une autorisation administrative. Il serait excessif de dire qu'il y a là un principe dominant la matière. De même, qu'en thèse générale, les servitudes administratives ne donnent pas lieu à indemnité, de même l'autorisation n'agit pas toujours dans le sens de la dérogation. Cette dernière ne peut être demandée et obtenue, que sur le vu d'un texte précis, reconnaissant aux autorités le pouvoir d'accorder la dispense. Dans la législation, on ne trouve aucune disposition, à portée générale, permettant au particulier de solliciter, dans tous les cas, l'application du régime d'exception.

L'idée a fait son chemin. On la retrouve dans diverses lois. Par suite de ces tempéraments empreints d'un certain libéralisme, on a pu passer, de l'interdiction brutale, à un régime plus souple, permettant, le cas échéant, de faire la part des exigences modernes, industrielles ou autres.

Lorsque la servitude consiste en un périmètre de protection, englobant une étendue de terrain plus ou moins considérable, la clause de l'autorisation pour circonstances exceptionnelles est presque de style (2). La loi du 15 juin 1906 sur les distribu-

---

enfants en nourrice. Loi du 15 avril 1916, art. 3. Dispensaires d'hygiène sociale et de préservation antituberculeuse.

1. Pour ce texte comme pour le deuxième décret du 1er décembre 1913, art. 7, nous renvoyons aux indications qui furent données, à propos des autorisations préfectorales.

2 Décret du 7 mars 1808, art. 1er. Nul ne pourra, sans autorisation, élever aucune habitation, ni creuser aucun puits, à moins de 100 mètres des nouveaux cimetières, transférés hors des communes. L'augmentation et la restauration des bâtiments existants ne peut s'effectuer, sans en référer à l'administration (art. 2).

Décret du 10 août 1853, art. 7, 8, 11, 12, 13 et 24. On divise les propriétés

tions d'énergie a prévu un emploi encore plus hardi de la formule juridique qui nous occupe. Elle sert à protéger la propriété privée, contre un industriel trop bien armé par la triple servitude d'appui, de passage ou d'ébranchage. Aussi l'article 12 de la loi subordonne-t-il l'exécution des travaux à une approbation du projet de détail des tracés par le préfet.

On pourrait, en élargissant le débat, se proposer d'étudier les autorisations dérivant d'une prohibition. Mais, auparavant, il convient de discuter de l'opportunité même d'une telle classification. On peut en douter, si l'on considère que toute condition de cette espèce suppose une prohibition. Sans doute, lorsqu'on dit que tel établissement insalubre, ou dangereux, « ne peut être ouvert » sans autorisation (1) c'est comme si l'on précisait qu'il est interdit, sauf autorisation, d'ouvrir cette usine. Du moins, est-ce une opinion que l'on peut soutenir ; ce ne sera pas la nôtre. Nous pensons qu'il faut attribuer de la valeur à la façon de rédiger. Lorsqu'on soumet les industriels à une réglementation, comme celle de la loi de 1917, on ne prescrit, en aucune façon, aux autorités administratives de n'accorder leur visa, que de loin en

---

voisines des fortifications en trois zones, correspondant à un régime de servitude différent. La première zone est celle de la prohibition pure et simple ; la deuxième zone est celle des constructions légères ; la troisième zone est soumise à l'autorisation ministérielle tant pour les travaux, que pour les constructions. La servitude est exercée sans indemnité, L'autorisation n'est plus ministérielle, mais délivrée par une commission spéciale dont la composition est mixte, lorsqu'il s'agit de la conservation des forêts à la frontière. C'est ce que l'on vise lorsqu'on fait allusion à la procédure des « travaux mixtes ». L'impropriété du terme n'est contestée par personne.

Loi du 14 juillet 1856 : les sources d'eau minérales, déclarées d'utilité publique, sont entourées d'une zone de protection dans laquelle aucun sondage ni travail souterrain ne peut être pratiqué sans autorisation.

Code Forestier, art. 151 à 158 : Un système très analogue fonctionne pour la conservation des forêts. Le périmètre de protection est d'une largeur variable. Il s'étend sur un kilomètre pour les fours à chaux ou à plâtre (art. 151) pour les maisons sur perches baraques ou hangars (art. 152). Il se réduit à 500 mètres pour les ateliers à façonner le bois (art. 154). Cette dernière distance est quadruplée pour les usines à scier le bois. Dans tous les cas autorisations en tenant compte des circonstances. La délivrance est assurée par le préfet conformément au décret de décentralisation (D. 13 avril 1861, tableau I, n° 8).

Loi du 8 avril 1898, art. 52. Interdiction d'extraire, sans autorisation spéciale, des terres, sables et autres matières à une distance moindre de 11 m. 70 de la limite des fleuves et rivières navigables ou flottables.

Loi du 15 février 1902, art. 10. Interdiction d'épandre sur les terrains compris dans le périmètre de protection d'une source (alimentant une commune) des engrais humains et d'y forer des puits sans autorisation du préfet.

1. Termes de la loi du 10 décembre 1917, art. 4.

loin. L'esprit du texte veut, au contraire, que le pétitionnaire obtienne, le plus souvent, ce qu'il sollicite. Le pouvoir administratif ne doit pas systématiquement entraver les projets formés par les particuliers ; il permet simplement de constater que ces initiatives ne vont pas à l'encontre de la science mise au service de l'hygiène. Sans cela, quel sens assigner au recours, ouvert à l'industriel, contre l'arrêté préfectoral, rejetant sa demande ? (1).

Au contraire, dans l'hypothèse où l'autorisation dérive d'une prohibition, le vœu de la loi est, à n'en pas douter, que, dans l'immense majorité des cas, la prohibition s'applique. Il y a bien une possibilité d'obtenir l'autorisation, mais elle est, sans cesse, différée. Dans l'espèce d'un texte portant défense itérative d'accomplir un acte, il n'y aura pour l'individu que deux voies à suivre : ou s'abstenir, ou frauder. La voie intermédiaire de la dérogation est trop étroite, pour qu'on puisse, sauf exception circonstancielle, songer à l'emprunter.

Telle est, à notre sens, le départ qu'il faut établir entre l'autorisation ordinaire, et celle qui sert à lever une prohibition (2). L'entrave à l'activité du particulier n'est qu'exceptionnelle, dans le cas le plus général ; elle est, au contraire, élevée à la hauteur d'un principe, dans l'hypothèse de l'interdiction.

---

1. Même loi, article 14.

2. Rentrent dans cette dernière catégorie les dispositions suivantes : Loi du 21 mai 1836 sur l'interdiction des loteries, art. 5, exceptions au régime cf ordonnance du 29 mai 1844.

Loi du 31 mai 1865, art. 6 : Transport pendant le temps de prohibition du poisson destiné à la reproduction.

Règlement du 30 avril 1883 sur les appareils à vapeur qui confère, dans certains cas, au ministre des Travaux publics, le droit d'accorder dispense de tout ou partie des prescriptions dudit décret.

Ordonnance du préfet de police du 7 juin 1856 et 25 juillet 1862, interdiction de tirer sans autorisation, des armes à feu, pétards, fusées, pièces d'artifices dans l'intérieur des habitations.

Loi du 21 juin 1898, art. 19 : Interdictions diverses concernant la police rurale. Levée temporaire d'interdiction ; arrêté préfectoral sur avis du maire.

Art. 31. — Transport d'un animal atteint de maladie contagieuse (énumération détaillée dans les art. 29 et 30 de la loi). Interdiction peut être levée par le maire pour motif urgent.

La loi du 29 mars 1904, art. 1er, relatif à la détention d'appareils susceptibles d'être utilisés dans la fabrication des monnaies.

Loi du 16 octobre 1919, art. 26 : Aucune concession ou autorisation ne peut être accordée... qu'aux seuls Français. Il ne peut être exceptionnellement dérogé aux règles qui précèdent (v. ces règles, art. 26 milieu) que par décret délibéré en conseil des ministres et contresigné par le prés. du conseil, le min. des Trav. publ. et celui des Aff. étrangères (art. 26 *in fine*).

On peut encore relever une différence assez sensible entre ces deux modalités. Elle concerne l'autorité qualifiée pour donner acte de la mainlevée d'interdiction. L'administré, informé de la possibilité d'être admis au bénéfice d'un régime de faveur, ne laissera pas toujours passer l'occasion, si faible soit-elle; de voir sa demande accueillie. Aussi, la législation concernant les prohibitions a-t-elle prévu que les services administratifs, habituellement compétents seraient vite débordés. Au lieu de laisser à l'administration active avec ses sujets traditionnels (préfets, ministres), le soin de connaître des requêtes éventuelles, il appartiendra à un organisme spécialisé d'accorder, ou de refuser, les dérogations. Cette méthode fut appliquée, de façon invariable, durant la guerre. La politique des décrets de prohibition s'est basée, à cette époque, sur un texte fondamental : la loi du 6 mai 1916 (1). Les exemples de prohibition furent très nombreux, notamment en ce qui concerne l'interdiction d'importation, en France, des produits, bois et métaux, de provenance ou d'origine étrangères. Les dispenses étaient accordées par le ministre de la Guerre, après avis de la commission des bois et métaux et sous des conditions déterminées par arrêté ministériel. On le voit, qu'il s'agisse d'autorisations délivrées par le ministre de la Guerre, ou par des comités de dérogations, la modification aux règles générales de compétence devenait remarquable. La disparition de ces comités s'est faite, soit purement et simplement, soit par étapes (2). La période qui suivit immédiatement l'armistice parut favorable pour supprimer la plupart des interdictions (3). Le retour au régime normal ne fut, toutefois, pas complet. Certaines restrictions à la liberté du commerce et de l'industrie furent strictement maintenues. Le décret du 17 avril 1920 sur la prohibition d'exportation des alcools d'industrie autres que les eaux-de-vie, se rattache à cette réglementation, de même que l'arrêté du 11 mars 1920 instituant un comité chargé de l'application de la loi du 3 avril 1918, relative à l'exportation des

---

1. Loi du 6 mai 1916, art. 1er : « Pendant la durée des hostilités, le gouvernement pourra provisoirement, par décret rendu en Conseil des ministres, prohiber l'entrée des marchandises étrangères, augmenter les droits de douane. »

2. On a opté pour ce dernier parti dans le décret du 18 mars 1919 qui remplace un comité de dérogation par une commission interministérielle instituée auprès du ministre de la Reconstitution industrielle.

3. Voir le décret du 13 mai 1919 ne maintenant sous le régime de la prohibition que 140 articles du tarif des douanes sur 654 autrefois assujettis à la réglementation restrictive.

capitaux. La forte organisation administrative prévue, pour l'exécution de cette dernière loi, formait un contraste frappant avec le caractère éphémère de la défense. Par des lois subséquentes, on ne cessa de reculer la date à laquelle ce régime cesserait de fonctionner (1).

n) LÉGISLATION FINANCIÈRE LOCALE

Les délibérations du Conseil général, qui ne sont exécutoires qu'après l'approbation expresse de l'autorité supérieure, sont devenues très rares, depuis la loi du 10 août 1871. Ces délibérations présentent, toutes, ce trait caractéristique d'être relatives à la vie financière du département ; elles concernent en effet :

a) Les centimes additionnels extraordinaires, votés par le Conseil général, en dehors du maximum fixé annuellement, par la loi de finances ;

b) Les emprunts départementaux qui sont remboursables dans un délai de plus de trente années.

Dans ces deux cas, la contribution extraordinaire, ou l'emprunt, ne peut être autorisé que par un décret, rendu en Conseil d'Etat (art. 41).

c) Le budget départemental qui, délibéré, par le Conseil général, est définitivement réglé par décret, et les comptes d'administration du préfet qui, provisoirement arrêtés par le Conseil général, sont également réglés définitivement par décret (art. 57, § 2, et art. 66, § 4).

Le budget de la commune est proposé par le maire, voté par le Conseil municipal, est réglé par le préfet, ou par décret, s'il s'agit d'une ville, dont le revenu atteint 3 millions de francs.

Aux termes de l'article 134 de la loi municipale de 1884, les recettes du budget extraordinaire se composent... 7° du produit des taxes ou des surtaxes d'octroi spécialement affectées à des dépenses extraordinaires et à des remboursements d'emprunts. Quant à l'impôt, utilisé avec succès pour les services d'intérêt général, on peut dire que son emploi est plus restreint, lorsqu'il s'agit de finances locales. Il faut, de plus, avec M. Jèze (2), établir une distinction entre le département et la

1. L'article 106 de la dernière loi de finances proroge, jusqu'au 31 décembre 1923, les dispositions relatives à l'exportation des valeurs mobilières.

2. *Législation financière*, au chapitre relatif aux taxes locales il écrit

commune, concernant les taxes locales. On a, assez justement, remarqué que la taxe s'attaque au problème de la répartition des dépenses entre les intéressés, usagers d'un service (taxes de pavage, taxe d'entretien des chemins). Ces questions d'art fiscal sont, d'ailleurs, déterminées par la loi instituant la taxe. Le pouvoir budgétaire local est limité par ce texte (1), et plus encore, peut-être, par les restrictions auxquelles sont soumises ses délibérations réglant le tarif de la taxe (2).

---

que « les services publics de la province, du département, du comté, de la région n'ont pas le même caractère que les services communaux » : « c'est ce qui fait », ajoute-t-il « que les taxes y sont peu importantes ».

1. Il doit, notamment, observer le maximum fixé par la loi organique.

2. L'approbation de l'autorité supérieure est requise pour : la taxe sur les chiens prévue par la loi du 2 mai 1865, dont les conditions d'application sont réglées par les décrets des 4 août 1855, 3 août 1861, 22 décembre 1886. Le tarif, pour chaque commune, est réglé par un décret en Conseil d'Etat. — La taxe de pavage, autorisée par la loi du 5 juin 1841, art. 28, pour les communes où les usages locaux mettent les frais de pavage à la charge des riverains et où les revenus ordinaires sont insuffisants pour faire face à cette dépense. Le tarif est approuvé par décret en Conseil d'Etat (Cf. avis du 25 mars 1801). — La taxe affouagère (s'il s'agit de bois) et d'une façon générale pour la taxe exigée des ayants droit à la jouissance des communaux. Approbation préfectorale nécessaire, art. 133-2° de la loi du 5 avril 1884. — La taxe de pâturage établie par le Conseil municipal avec l'approbation du préfet lorsqu'il s'agit de percevoir une taxe extraordinaire sur les propriétaires domiciliés hors de la commune. La taxe est supérieure à celle imposée aux propriétaires domiciliés dans la commune (Conseil d'Etat, 2 fév. 1889. D. P. 90. 3. 54). — La taxe pour fournitures et travaux du service extérieur des pompes funèbres qui est votée par le Conseil municipal ou par décret s'il s'agit d'une ville ayant plus de 3 millions de revenus. Loi du 28 décembre 1904, art. 2, al. 2, le tarif des droits de voirie, le tarif des droits de stationnement et de location sur les dépendances de la grande voirie, et, généralement le tarif des droits divers à percevoir au profit des communes en vertu de l'art. 133 de la loi municipale (Loi municipale, art. 133 et art. 68, n° 7, approbation préfectorale). — La taxe vicinale représentée par des centimes additionnels en nombre suffisant pour produire une somme équivalente à la valeur des prestations remplacées. Lorsque le nombre des centimes est supérieur à 20, la substitution doit être autorisée par le Conseil général. Loi du 31 mars 1903, art. 5, al. 3. La taxe vicinale est plus un impôt qu'une taxe. Nous renonçons à lui donner une classification particulière. En dehors de cette législation concernant les taxes, il faut encore considérer que les pouvoirs des Conseils municipaux sont limités par une approbation expressément prévue par des textes tels que les lois des 13 juillet 1903, art. 4 et 3 juillet 1846, art. 5.

Loi du 13 juillet 1903, art. 4. Elle permet aux conseils municipaux des communes ayant une population agglomérée de plus de 5.000 habitants de déterminer les loyers matriciels en déduisant de la valeur locative de chaque habitation, à titre de minimum de loyer, une somme constante dans la quotité est fixée par les assemblées. Les délibérations sur cet objet doivent être approuvées par le préfet, sur l'avis conforme du directeur des contributions directes.

Loi du 3 juillet 1846, art. 5. Les villes qui ont un octroi peuvent acquitter tout ou partie du contingent de l'impôt personnel mobilier sur les produits de cet octroi. La portion du contingent restant à percevoir est répartie en cotes mobilières seulement, après déduction des faibles loyers, jusqu'à un chiffre fixé par le Conseil municipal. Les délibérations doivent être approuvées par décret.

Enfin dans d'assez nombreux cas le décret en Conseil d'État est rendu nécessaire. Nous renvoyons aux art. 142, 143, al. 1 et 137 de la loi municipale. Nous avions donné ce dernier article en note dans le chapitre consacré aux autorisations délivrées par décret rendu en Conseil d'État.

LIVRE DEUXIÈME

LA THÉORIE CONTENUE DANS LES FAITS

CHAPITRE PREMIER

DROITS RECONNUS A L'AUTORITÉ COMPÉTENTE POUR STATUER

Quand une loi soumet l'activité d'un particulier ou d'un corps autonome à une autorisation il faut, pour déterminer les pouvoirs dont l'autorité chargée de statuer se trouve investie, se souvenir qu'elle n'est pas étroitement limitée pour définir son point de vue. S'inspirant des avis et de l'enquête administrative elle peut s'arrêter à différents partis. L'autorisation sollicitée peut être refusée purement et simplement ou faire l'objet de clauses diverses ou encore donner lieu à un retrait provisoire ou définitif.

A ces pouvoirs généraux, s'ajoutent les pouvoirs spéciaux qui sont dévolus à l'autorité supérieure dans des hypothèses particulières. En matière de dons et legs, l'intervention administrative présente quelques particularités par rapport au droit commun des autorisations.

I. — Droit de refus

Le refus d'autorisation ne donne pas lieu, en législation positive, à une réglementation aussi minutieuse que le retrait d'autorisation. Souvent, la loi se borne à conférer des droits à l'autorité supérieure sans songer à indiquer les limites dans lesquelles ils s'exercent. La jurisprudence dut parfois suppléer au laconisme de certains textes. La question des pouvoirs de l'administration s'est posée de façon pressante pour l'application de la loi du 30 mai 1916, relative aux œuvres qui font appel à la générosité publique (1). Il fut reconnu par un arrêt Association « la Reconstitution du Foyer » (9 juillet 1920, p. 691, Rec.) que « la loi en ne fixant pas elle-même les conditions de l'autorisation, a entendu laisser à cet égard un pouvoir d'appréciation à l'administration ». Spécialement, dans le cas visé par l'arrêt, il fut jugé qu'un refus d'autorisation fondé sur le fonctionnement défectueux de l'association, et sur la proportion excessive des frais par rapport aux recettes, n'est pas entaché d'illégalité. Le droit de refus se justifie encore lorsqu'il procède de l'application d'un principe d'équité. C'est ainsi que l'autorisation a été refusée dans une hypothèse où l'octroi eût pesé sur une population agglomérée de 900 habitants seulement, bien que le produit de cet impôt fût destiné à couvrir des dépenses d'intérêt général, devant profiter à plus de 2.000 habitants (Cons. d'Etat, sect. de fin, 8 déc. 1886, octroi de Lalinde).

On ne peut, d'ailleurs, douter des intentions libérales de la haute juridiction administrative. Elle n'a pas hésité à faire des déclarations de principe chaque fois que l'occasion lui semblait favorable pour exprimer son opinion. « Si » relevons-nous dans un arrêt du 13 mars 1908, Société de vidange et d'assainissement, « il appartient aux ingénieurs, en vertu des pouvoirs qu'ils tiennent du décret du 8 août 1901, de prescrire les mesures nécessaires pour assurer le service de la navigation, il ne peuvent se fonder pour refuser les autorisations qui leur sont demandées sur des motifs étrangers à l'intérêt de la navigation » (2). Dans le même sens, on peut arguer de l'abandon des idées soutenues, notamment par Laferrière (3) et tendant à se

---

1. Art. 3, *in fine*. « Aucune personne, aucune œuvre ou association ne peut faire appel à la générosité publique sans avoir obtenu l'autorisation. Les intéressés peuvent former un recours en Conseil d'Etat contre le refus d'autorisation.

Il fut, d'ailleurs, entendu au Sénat que le Conseil d'Etat aurait le pouvoir de juger la valeur de tous les motifs de rejet indiqués par le ministre. *Journ. off.*, Sénat, Déb. parl., 1916, p. 440, 3e col. et aussi, p. 434.

2. Textes réglementant le refus d'approbation de façon libérale. Loi du 1er avril 1898, art. 16, soc. de secours mutuels ; cas limitativement énumérés et motivation. Loi du 17 mars 1905, refus d'enregistrement ; sociétés d'assurances, motivation et recours. Décret 17 mai 1922. Confédération générale des sociétés coopératives de reconstruction, art. 3, § 3. Au cas de refus d'approbation, la décision portant l'indication des motifs sera notifiée par lettre recommandée au président de la Confédération.

3. Pour justifier cette différence Laferrière expliquait que « l'administration qui refuse une autorisation discrétionnaire ne lèse ni un droit, ni même un intérêt ; elle s'abstient seulement d'accorder une faveur... Il y a une

montrer plus difficile par l'admission des recours formés à la suite d'un refus, que pour ceux qui tendent à discuter la légalité d'une mesure de retrait.

Enfin, il faut signaler que le droit de refus dont dispose l'administration, n'est pas toujours inclus dans le pouvoir d'autoriser. Il est en particulier assez typique de remarquer que l'autorité ne peut refuser à un demandeur éventuel d'établir une distribution d'énergie électrique. Tout propriétaire a le droit de faire sur son propre terrain les installations qui lui conviennent (art. 552 C. civ.) ; l'administration n'intervient que pour préciser et imposer les conditions techniques à observer pour ne gêner en rien les transmissions téléphoniques. En cas de refus par le préfet ou d'autorisation subordonnée à des conditions illégales, l'arrêté préfectoral peut être déféré au Conseil d'Etat, dans la forme des recours pour excès de pouvoir.

II.— Clauses et modalités pouvant être insérées dans l'acte d'autorisation

Il peut arriver que l'acte d'approbation ou d'autorisation serve, en quelque sorte, de soutien à un acte de nature contractuelle. L'analyse révèle, par exemple, que le contrat de concession nécessite la rédaction d'un cahier des charges, une mise d'accord sur les principes contenus dans le traité financier, enfin l'intervention d'un acte d'approbation émanant d'une autorité hiérarchique (1).

Dans cette hypothèse, on doit insérer toutes les clauses concernant les charges à imposer au concessionnaire, dans l'acte à caractère contractuel, et non dans l'acte-soutien. Sans doute, l'autorité qui refuse d'approuver, peut indiquer qu'elle entend, par là-même, faire obstacle à tel article du traité qu'il appartient aux parties de modifier. Mais il ne faut pas aller plus loin : le

---

grande différence entre la situation d'un permissionnaire et celle d'un pétitionnaire. Le permissionnaire peut se prévaloir de rapports déjà créés entre lui et l'administration; le second ne peut invoquer que son désir de voir des rapports s'établir, ce qui n'est pas suffisant pour donner ouverture à une action contentieuse ». Laferrière, *Traité de la juridiction administrative*, 2ᵉ éd., t. II, p. 553-554.

1. *Sur la nature juridique du contrat de concession*. Note de M. Hauriou. Sirey, 1904. 3.81.

Comme exemple pratique on peut citer le décret du 20 août 1908, portant approbation du cahier des charges-type pour la concession d'une distribution publique d'énergie électrique par l'Etat (*Journ. off.* du 25 août 1908).

fait que le traité passé entre une commune et une œuvre de mutualité maternelle doit, d'après la loi du 17 juin 1913, art. 10, être approuvé par le préfet, ne donne pas compétence à ce dernier pour insérer, de son propre mouvement, telle ou telle disposition qu'il estime devoir y figurer.

La question devient plus délicate, si l'acte d'autorisation s'applique, non à un contrat, mais à la surveillance de l'exercice normal de l'activité des individus. L'administration, forte de son droit, pourra-t-elle subordonner la délivrance de son autorisation à telles conditions de redevances d'avantages particuliers, ou, plus simplement, à des prescriptions destinées à empêcher un particulier de nuire au public? Rentrent dans cette dernière catégorie, notamment, les indications techniques, qui s'imposent à un industriel, projetant d'ouvrir un établissement dangereux, insalubre ou incommode.

Les recherches doivent être menées dans un sens différent, suivant qu'il s'agit de charges financières imposées au pétitionnaire, ou de modalités, ayant pour objet de sauvegarder les intérêts légitimes de la collectivité.

En ce qui concerne les redevances, la difficulté provient de ce que l'autorisation est un acte unilatéral, qui ne se prête pas à dériver sur le terrain contractuel. Seulement, il ne nous semble pas du tout démontré que la redevance soit un signe caractéristique de l'opération contractuelle. C'est aussi l'opinion d'un auteur de droit public qui voit là une simple apparence contractuelle. « Il existe des taxes qui ne constituent qu'une variété de l'impôt, et ne sont pas le prix du service rendu ; elles ne peuvent être autorisées, que par une loi. Cette autorisation doit être renouvelée annuellement dans la loi de finances ; à la faveur de ces autorisations, les taxes ne peuvent être établies, dans chaque localité, que par l'autorité budgétaire (le conseil municipal) et non par lepouvoir de police (le maire), et cette seule observation que le maire n'a aucune qualité quant à la fixation de la redevance, ni le conseil quant à la délivrance du permis, suffit à faire tomber toute apparence contractuelle (1). »

Somme toute, cela revient à distinguer le pouvoir de police de l'autorité budgétaire. Ces principes de droit public sont

---

1. Georges Renard, *Cours élémentaire de droit public*, p. 166, Paris, 1922. Cet auteur raisonne sur le permis de stationnement et montre qu'on peut établir une redevance sans qu'il y ait contrat. Dans le même sens Regray, thèse Paris, 1900, p. 115. Faites de jouissance privative dont le domaine public est susceptible « la circonstance de la redevance ne suffit pas à dériver l'acte unilatéral en un contrat ».

intéressants à rappeler parce que, souvent méconnus. Le 2 mars 1923, le Conseil d'Etat, à la requête du sieur Goguel de Saint-Dié et de différents syndicats, parmi lesquels se trouvait représenté le syndicat des grands cinémas parisiens, avait à se prononcer sur la suite qui devait être donnée à un arrêté du maire de Provenchères-sur-Fave (Vosges). L'acte attaqué prescrivait qu'aucune représentation théâtrale ou cinématographique ne pourrait avoir lieu, sans l'autorisation préalable du maire, et que la délivrance de chaque autorisation donnerait lieu au paiement d'une somme de 50 francs au profit des pauvres de la commune.

La thèse du sieur Goguel et des syndicats était la suivante : « Le maire a le droit de réglementer les représentations théâtrales et cinématographiques, dans l'intérêt de la sécurité publique et des bonnes mœurs ; mais il excède ses pouvoirs, en les subordonnant à l'obtention d'une autorisation purement protestative de sa part, et à l'acquittement d'une taxe, qu'il n'a pas le droit d'établir. »

En réalité, il y avait au moins deux propositions d'égale valeur dans l'espèce soumise à la décision de la haute assemblée. Il fallait séparer la discussion concernant les représentations théâtrales (1), de celle, relative à l'acquittement de la taxe. Sur ce dernier point qui se rattache particulièrement à notre matière, le Conseil d'État a décidé que « si la loi assujettit les entreprises de spectacles à une taxe, appelée droit des pauvres, en principe proportionnelle aux recettes réalisées, cette législation n'empêche pas les commissions administratives, représentants légaux des établissements communaux d'assistance et de bienfaisance, qui sont les bénéficiaires de ce droit, de prendre toutes mesures convenables pour en assurer la perception. Il n'appartient donc pas au maire, soit de fixer lui-même, de sa seule autorité et par arrêté réglementaire, les taxes mêmes du droit, soit d'y superposer par la même voie, au profit de la

---

1. « Le maire en prescrivant, par l'art. 1er de l'acte attaqué, qu'aucune représentation théâtrale ne pourrait avoir lieu, dans la commune de de Provenchères, sans une autorisation préalable émanée de lui, a empiété sur les attributions réservées au ministre des Beaux-Arts par les dispositions du décret du 6 janvier 1864, qui a supprimé la nécessité d'une autorisation pour la remplacer par une simple déclaration. »

« En ce qui concerne les représentations cinématographiques, elles ne rentrent pas dans la catégorie des théâtres mais dans celle des spectacles de curiosité et autres établissements du même genre. Les cinémas restent régis par des règlements particuliers, c'est-à-dire par des règlements municipaux. »

commune, une taxe, qu'aucune disposition de loi n'a autorisée».

Plus anciennement (1), le Conseil d'Etat a eu à statuer sur un refus d'autorisation utilisé comm un moyen d'intimidation. On prétendait amener le particulier à signer un engagement de payer au Trésor une redevance déterminée. La haute juridiction refusa, absolument, de suivre le préfet de la Seine, qui présentait cette thèse.

Ayant indiqué ce qui dépasse le pouvoir de police, nous sommes obligé de reconnaître qu'il existe des textes établissant à la fois l'autorisation préalable et le principe d'une redevance. C'est ainsi que l'ordonnance royale du 18 juin 1823 prévoit la nécessité d'une autorisation pour les fabriques d'eaux minérales, artificielles, eaux gazeuses, eaux de seltz. Dans un article 13 il est, de plus, très nettement spécifié que « pour obtenir ou conserver l'autorisation exigée, par l'article 1er, il faut subvenir aux frais d'inspection ». Une règle analogue est mise en pratique pour les dépôts d'eau. Parfois, on songe seulement à s'assurer contre l'insolvabilité de tel corps (2).

Si l'on envisage maintenant les pouvoirs reconnus à l'administration gardienne des intérêts de la collectivité, on comprend que les clauses à insérer, dans les arrêtés d'autorisation, deviennent à la fois plus nombreuses et plus précises. L'institution d'une autorisation a pour but d'empêcher l'activité d'un particulier ou d'un corps autonome de s'exercer dans un sens préjudiciable à la société. D'où la nécessité, pour l'autorité chargée d'un tel soin, soit de refuser purement et simplement son visa, soit de ne l'accorder que sous des conditions techniques déterminées. Cette énumération, parfois fort longue, des précautions jugées indispensables fait l'objet d'annexes qui font partie intégrante de l'acte d'autorisation. Plus le danger éventuel est accentué, plus détaillées sont aussi les prescriptions destinées à y parer. Cette vue se vérifie, en particulier, pour les établissements insalubres ou dangereux (3).

---

1. Arrêt du 11 avril 1913. Cie des tramways de l'Est parisien.

2. Associations syndicales autorisées. Loi du 21 juin 1865, art. 9 nouveau (Loi du 22 déc. 1888). Dans les cas prévus par les art. 7, 8, 9 et 10 aucun travail ne pourra être entrepris que sur l'autorisation du préfet. Cette autorisation ne pourra être donnée qu'après payement préalable des indemnités de délaissement et d'expropriation, et que, si les membres de l'association syndicale autorisée ont garanti le payement des travaux, des fournitures et des indemnités pour dommages, au moyen de sûretés acceptées par les parties intéressées ou déterminées en cas d'accord par le tribunal civil.

3. En cette matière on s'inspire, avant tout, pour la rédaction des clauses,

Il est également une méthode qui tend, de plus en plus, à se généraliser. Elle consiste à fixer, à l'avance et de façon impersonnelle, les conditions auxquelles le pétitionnaire devra satisfaire, pour obtenir et conserver son autorisation. Cette formalité est prévue, notamment, pour les écoles privées, qui doivent demander au ministre de l'Intérieur à être admises à recevoir des pupilles de l'Assistance publique, coupables d'actes graves d'immoralité. Fort après la loi du 28 juin 1904, en 1909 (1),

---

des consultations prises, tant à la commission sanitaire locale, qu'au Conseil départemental d'hygiène. Voici quelques prescriptions dont il est inutile de souligner le caractère technique que l'on peut relever dans les actes d'autorisation d'un établissement industriel déterminé :

Ateliers d'équarrissage et de cuisson de débris d'animaux. — 1° Clore l'établissement de murs et l'entourer d'arbres ; 2° Paver les cours intérieures, daller les cours à abattre les animaux et y opérer de fréquents lavages ; 3° Recevoir les matières liquides résultant du travail d'équarrissage dans des citernes voûtées et closes ; soumettre les chairs et les autres matières animales à une dessiccation suffisante pour qu'elles ne soient plus sujettes à se corrompre ; 4° Ne transporter les animaux morts à l'équarrissage que dans des voitures couvertes et munies d'une plaque indiquant leur destination.

Fabriques d'amorces fulminantes. — 1° Construire le séchoir et l'atelier de tamisage n matériaux légers et la poudrière en maçonnerie ; séparer les diverses parties de l'établissement par des talus en terre de trois mètres de hauteur ; 2° Etablir en dehors des talus, les fourneaux de séchoir, pour l'élévation de la température duquel il ne sera employé que la vapeur ou l'eau chaude.

Fabrique d'acide sulfurique. — 1° Elever la cheminée de l'usine servant au dégagement des gaz à une hauteur convenable qui sera déterminée d'après l'examen de la localité (par exemple une élévation de 10 mètres au-dessus du sol) ; 2° Condenser complètement les vapeurs ou gaz odorants ou nuisibles.

Consulter, en outre, Cons. d'Etat, 9 mai 1917, Viriat, p. 370 et 371 l'énumération des prescriptions techniques que le requérant devra observer pour exploiter une porcherie à Villejuif. Dans le même sens, Lebon de 1920, p. 546, dispositions essentielles prévues dans un avis du Comité consultatif des arts et manufactures et devant s'appliquer à l'exploitation d'un sieur Faure.

1. Décret du 5 novembre 1909, art, 3 : Obligation de limiter à cinquante le nombre des enfants élevés dans le même établissement, ou de grouper les enfants par quartiers de cinquante, lorsqu'ils sont plus nombreux.

Art. 10. Obligation de remettre à l'établissement éducateur un dossier complet sur les aptitudes et antécédents de l'enfant. — Art. 20. Obligation de constituer des pécules aux enfants sur les bénéfices de leur travail.

Loi du 27 juillet 1917, art. 26, al. 2 : Un règlement d'administration publique, rendu après avis du conseil supérieur de l'Office national, fixera les conditions auxquelles devront satisfaire les particuliers, fondations, associations, groupements demandant à recevoir des pupilles.

Circulaire et arrêté du ministre des Travaux publics du 21 mars 1911 déterminant les conditions techniques, auxquelles doivent satisfaire les distributions d'énergie électrique pour l'application de la loi du 15 juin, 1906 (procédure prévue par l'art. 19 de la loi) *Journ. off.* du 11 avril 1911.

par un réglement d'administration publique, en date du 5 novembre, on précisa sous quelles obligations les autorisations seraient accordées. Pour le placement des pupilles de la nation, par application de l'article 26 de la loi du 27 juillet 1917, on fit appel au même procédé de réglementation préalable.

L'arrêté d'autorisation peut encore contenir des clauses diverses concernant l'emploi d'une somme d'argent (1) ou portant que le bénéficiaire devra renouveler sa demande à une époque déterminée (2). Cette dernière mesure, qui limite dans le temps, les effets de l'acte administratif, est assez voisine de celle qui consiste à préciser le nombre des individus qui sont placés hors du droit commun. On remarque, dans l'ordonnance du 18 décembre 1839, titre II, relatif aux établissements privés d'aliénés, que le directeur d'une telle maison est astreint à ne pas dépasser le chiffre de pensionnaires qui lui a été expressément assigné, lors de l'ouverture. Toute tentative, pour dépasser ce maximum, doit faire l'objet d'une nouvelle demande à l'administration compétente.

L'examen des sanctions nécessite une classification. Il y a, d'abord, la sanction de droit commun représentée par le retrait de l'autorisation, pour inexécution des clauses prévues ; exemple, l'ordonnance du 18 décembre 1839, article 31, qui permet de prononcer le retrait... 2° si le directeur reçoit un nombre de pensionnaires supérieur à celui fixé par l'ordonnance réglementant l'ouverture de l'établissement (3).

Mais avant de revenir si complètement sur sa décision d'autrefois, l'administration peut, dans les cas où il existe un corps d'inspecteurs des établissements autorisés (établissements insalubres, fabriques d'eaux minérales artificielles), recourir à des mesures moins radicales telles que : 1° l'injonction des agents ; 2° la mise en demeure d'avoir à respecter les dispositions de l'acte constitutif d'autorisation.

Une mesure d'intimidation assez efficace consiste dans la fer-

---

1. Sociétés de secours mutuels. Loi du 1er avril 1898, art. 15 § 4. Lorsque l'emploi des dons et legs n'est pas déterminé par le donateur ou testateur, cet emploi sera prescrit par l'arrêté ou le décret d'autorisation en exécution de l'art. 4 de l'ordonnance du 2 avril 1817.

2. Par une décision, en date du 6 avril 1841, un sieur Chardon avait été autorisé à établir un chantier de bois ; mais la permission n'était accordée que pour trois années. On le voit, la formule de la limitation dans le temps n'est pas moderne. Voir à la même époque sieur Nizerolle Cons. d'Et. 2 avril 1852).

3. Dans le même sens, loi du 15 juin 1907, art. 2 (Jeux dans les cercles et casinos des stations balnéaires), révocation de l'autorisation pour inexécution des clauses de l'arrêté ministériel.

meture des établissements soumis à une inspection régulière. Juridiquement, il faut voir là une simple opération de police, ce qui entraîne cette conséquence que l'autorisation acquise subsiste. L'exploitation, seule, est paralysée, aussi longtemps que les conditions générales risquent de n'être pas observées. L'idée de peine doit donc être rejetée. On se trouve en présence d'un expédient destiné à empêcher la continuation d'une situation pouvant nuire au public. L'arrêté de fermeture n'a, au surplus, aucun caractère définitif : il sera rapporté, dès que des garanties nouvelles auront été données (1).

En résumé, les conditions et réserves, à insérer dans les actes administratifs d'autorisation, ne doivent pas servir de prétexte pour changer le caractère unilatéral de ces décisions. Ce principe a été rappelé pour les permissions de voirie (2). Il n'y a aucune raison pour donner une valeur pratique aussi restreinte à ce précepte. Ce qui est utile à observer pour l'administration aux prises avec un permissionnaire, ne devient pas facultatif lorsque cette même administration se trouve en présence d'un pétitionnaire sollicitant une autorisation.

III. — Droit de retrait

Lorsque nous examinions l'évolution historique des autorisations, nous avions cru pouvoir discerner que le régime de police moderne tend de plus en plus à s'identifier avec les voies préventives améliorées. C'est un fait : le libéralisme des textes modernes ne s'exerce pas seulement sur les conditions de forme nécessaires pour obtenir les autorisations. On s'est vite aperçu que l'administré a tout autant d'intérêt à être protégé contre la mesure, si grave, du retrait. En entrant dans cette voie, le législateur a fait œuvre de logique. Il est allé, de plus, à l'encontre des idées en honneur au siècle dernier en ne laissant rien

---

1. Loi du 10 décembre 1917, art. 34 : Par jugement, on peut impartir à l'intéressé un délai pour satisfaire aux conditions et réserves de l'arrêté d'autorisation. — Art. 35. Suspension provisoire par arrêté préfectoral d'un établissement de 1re ou 2e classe.

2. Loi du 15 juin 1906, art. 5, § 2 : « Les permissions de voirie... ne peuvent prescrire aucune disposition relative aux conditions commerciales de l'exploitation. » Parmi les abus constatés avant 1906, on peut relever ceux consistant à soumettre le permissionnaire à l'obligation de verser un cautionnement, de garantir la ville de toute instance qui pourrait être tentée par le concessionnaire évincé, de consentir des tarifs de faveur à certains services municipaux.

subsister qui puisse rappeler la formule du bon plaisir administratif, mis en articles. Pour arriver à ce but, les procédés ne manquent pas, leur valeur dépend seulement de la façon dont ils sont interprétés. C'est ce qui se produit lorsqu'on introduit la nécessité de la motivation ou qu'on limite, par une énumération précise, les cas d'ouverture de la révocation d'autorisation.

La motivation est un emprunt fait aux jugements de l'autorité judiciaire. Pendant longtemps on n'avait pas songé à s'affranchir de la doctrine suivant laquelle, c'est attenter à la dignité de l'administration que de lui demander de s'expliquer, sur les raisons qui l'ont déterminée à prendre telle décision. On a sacrifié à cette idée, jusque dans les arrêts des juridictions administratives. En lisant les Recueils de la jurisprudence du Conseil d'Etat, et en les comparant aux documents similaires consacrés à la Cour de cassation, on dégage une différence : motivation abondante pour la Cour de cassation, motivation brève et réservée pour le Conseil d'Etat. On dirait que la Cour de cassation « tient à convaincre les justiciables » (2). Cependant, la théorie à laquelle on faisait place autrefois oubliait que la motivation existe, pour la loi elle-même (exposé des motifs) ; et qu'une décision s'impose par la vérité qui émane d'elle, et non par le prestige dont jouit un corps (1).

Le retrait, pour des causes limitativement énumérées, se trouve déjà prévu, en 1839, dans l'ordonnance du 18 décembre sur les aliénés : L'autorisation qui permet aux établissements privés de fonctionner peut être retirée, suivant la gravité des circonstances, dans tous les cas d'infractions aux lois et règlement sur la matière et, notamment, dans les hypothèses précisées dans une nomenclature contenue dans l'article 31. Ce qu'il faut retenir, c'est l'imputation d'un fait précis de nature à faire échec à la législation particulière régissant la matière. L'autorisation mentionnée à l'article 1er, dit encore une loi du 14 juillet 1860, article 3, ne peut être retirée, par le ministre de la Guerre, que lorsque le fabricant ou commerçant a encouru

---

1. Pour la loi du 30 mai 1916, art. 4, le décret du 18 sept. 1916 (œuvres faisant appel à la générosité publique), la loi du 11 juin 1908, le décret du 13 juin 1910 (prostitution des mineurs) et l'arrêt du 30 nov. 1906 Cons. d'Etat aff. Armand et Jacob se reporter p. 15 de ce travail au chapitre intitulé : « Evolution historique des autorisations », § II, « Conception moderne ».

2. En ce sens Serrigny dans une de ses Préfaces, 2e édition, 1865. « Le Conseil d'Etat, au contraire ne donne presque jamais de motifs développés des arrêts qu'il prononce. Le Conseil d'Etat c'est le droit qui parle, qui décide, qui ordonne, son langage doit être bréf. »

une condamnation devenue définitive. Cette condamnation doit provenir de l'application de dispositions législatives dont l'énumération limitative complète et termine l'article 3

Par une construction juridique assez habile, on est parvenu à ajouter encore aux franchises des administrés. On a imaginé de soumettre le retrait d'autorisation à une approbation de l'autorité supérieure. La lecture du Code du travail (Livre I, art. 93), est assez instructive à cet égard ; elle permet de constater que les retraits de permission d'exploiter un bureau de placement payant, ne deviennent exécutoires qu'après approbation préfectorale. Le même visa est exigé, avec cette réserve qu'il émane cette fois du ministre de l'hygiène, de l'assistance et de la prévoyance sociales, si, au début d'une liquidation, on accomplit des formalités importantes comme celle qui consiste à dresser inventaire. Le décret du 27 décembre 1906, modifiant le deuxième décret du 28 février 1899, sur les syndicats de garantie en matière d'accident du travail, stipule, dans un article 24 nouveau, qu'en « cas de révocation d'autorisation (comme dans le cas de dissolution volontaire) toutes les charges pouvant incomber au syndicat font immédiatement l'objet d'un inventaire soumis à l'approbation du ministre ».

L'acte de révocation, étant de même nature que l'acte d'autorisation, peut contenir des clauses dont le fond seul varie. Elles concernent, presque toujours, le mode de liquidation d'une société, ou les dispositions transitoires acheminant vers la suppression d'un établissement industriel déterminé. On lit dans l'article 24, outre la prescription que nous venons de rapporter, que « le décret ou l'arrêté, portant révocation de l'autorisation, détermine le mode de liquidation du syndicat et désigne un ou plusieurs liquidateurs ».

La révocation soumise à approbation n'est, en somme, que l'application d'une idée plus générale. Pourquoi laisser à une seule autorité tous les pouvoirs ? Quelle nécessité porte le législateur à réunir sous le même sceptre deux opérations, telles que la décision d'autorisation et la décision du retrait ?

Il est curieux de constater que le partage de compétence existe dans l'hypothèse où, précisément, l'intérêt du public réclame une surveillance active du bénéficiaire de la permission. Nous voulons parler de la législation relative aux établissements dangereux ou insalubres. Cette remarque nous permet d'écarter une objection. Quelques esprits pourraient être tentés de soutenir que la délivrance de l'autorisation, comme aussi sa révocation, doivent être, sans partage aucun, dans les attributions d'une autorité unique. La méconnaissance de ce principe leur paraît de nature à diminuer le pouvoir de l'administration et, partant, à compromettre le but même de la mesure de tutelle.

Contre cette argumentation, on peut faire valoir que l'évolution moderne du droit français se fait bien dans le sens d'une protection de plus en plus grande des droits des particuliers ou agents. La formule qui décompose le cycle de l'autorisation en deux parties, afin de les rattacher à des pouvoirs distincts, est en harmonie avec les idées actuelles (1). De plus, si la crainte précédemment énoncée se trouvait vérifiée, pourquoi le partage de compétence se rencontrerait-il pour la surveillance de la formation des congrégations (2) religieuses ou l'installation d'industries réputées dangereuses (3) ? Qu'on le veuille ou non, la nouvelle garantie offerte aux administrés n'a nullement atteint son plein développement. Déjà, par le jeu des pouvoirs de police, elle participe à la vie juridique journalière (4).

IV. — Droit de statuer d'office

« Le pouvoir central », dit M. Hauriou, « a toujours considéré qu'il puisait dans ses droits de tutelle sur les administrations locales et sur les établissements publics, la faculté de contraindre ces administrations et établissements à accepter les libéralités contre leur propre volonté. Cela s'appelle l'autorisation d'office ». Cette possibilité laissée à la discrétion de l'auto-

---

1. Notamment, elle est conforme à la garantie instituée par l'art. 102 de la loi du 5 avril 1884 au profit des gardes champêtres. Ils sont nommés par le maire et révoqués par le préfet. La création du poste ressort au Conseil municipal qui augmente, ce faisant, la liste de ses dépenses obligatoires (art. 136, n° 6). Il résulte de ces précautions que le Conseil municipal ne peut se défaire du garde champêtre qu'avec le concours du préfet.

2. Loi du 1er juillet 1901, art. 13. Dissolution des congrégations par décret rendu en Conseil des ministres. La formation nécessite une autorisation législative.

3. Loi du 10 décembre 1917, art. 31. Suppression des établissements industriels « présentant pour le voisinage ou pour la santé publique des inconvénients graves » par décret rendu en forme de règlement d'administration publique après avis du Conseil supérieur d'hygiène publique de France et du Comité consultatif des arts et manufactures. On sait que l'arrêté d'autorisation émane du préfet (art. 10 et 11).

4. Le préfet des Landes a le droit d'interdire des courses de taureaux qui avaient été autorisées par le maire de la ville de Dax (Conseil d'État, 3 décembre 1897 S.98.3.145), note M. Hauriou. Interdiction par le préfet d'une procession autorisée par le maire, Conseil d'État. Sieur Berthoin, 19 juillet 1918, Leb., p. 732.

rité supérieure, par cela même qu'elle est exorbitante du droit commun (1), devait disparaître, peu à peu, avec l'avènement des grandes lois administratives modernes.

Le droit de statuer d'office comprend des prolongements divers, tels que le droit de refuser ou celui de réduire. De ces trois applications d'une même notion, seul le droit de refuser d'office, au cas de réclamation de la famille, demeure compatible avec la législation, concernant les dons et legs faits aux communes. En l'absence de réclamations, le gouvernement ne peut plus refuser d'office. Mais, s'il y a des réclamations, sans attendre une demande en autorisation, après une simple mise en demeure, le gouvernement pourra se saisir d'office et refuser l'autorisation.

Depuis la loi du 5 avril 1884 (2), le droit d'autoriser d'office n'est plus applicable, au moins en ce qui concerne les communes. Il en va de même du droit de réduction d'office. Ces deux termes ne peuvent plus, désormais, être accolés, puisque le gouvernement ne peut user du droit de réduction qu'autant qu'il est, préalablement, saisi d'une demande en autorisation d'accepter; c'est-à-dire, au cas où la libéralité donne lieu à des réclamations. Le droit de réduction contenu dans le droit d'autorisation prend, dans cette dernière hypothèse, une signification très grande. Il apparaît comme le meilleur moyen de concilier les intérêts opposés de l'établissement gratifié et de la famille dépouillée.

---

1. Nous sommes ici en matière de dons et legs ; il est donc assez normal de rencontrer certaines constructions juridiques un peu différentes de celles que nous avons examinées jusqu'ici. Si nous prenons, par exemple, la règle permettant à l'autorité supérieure d'insérer des clauses dans l'acte d'autorisation, nous la voyons s'appliquer, mais pas aussi complètement que dans la conception classique. « Il appartient au gouvernement, en autorisant l'acceptation des legs avec charges faits aux établissements, de fixer les conditions d'exécution qu'il estime nécessaires dans l'intérêt des services publics et pour l'exacte observation des lois, *sous réserve du droit pour les héritiers de réclamer devant l'autorité judiciaire en cas de violation de la volonté du testateur*. Par exemple, en cas de fondation d'un hospice, il peut modifier les règles d'administration de cet hospice posées par le testateur (Cons. d'Et., 25 mai 1900, commune de Lavault-Sainte-Anne ; 26 janv. 1906, Royet) ». Hauriou, *Précis de droit adm*) voyez Dons et Legs

2. Loi du 5 avril 1884, art. 112 : Le droit de statuer par une délibération définive sur le refus des libéralités n'a pas été étendu aux établissements publics par la loi du 4 février 1901. L'administration centrale estime donc que ces établissements restent soumis à l'autorisation d'office. Avis du Conseil d'État, 24 novembre 1904, *Revue d'administration*, 1905.1.207.

CHAPITRE II

SITUATION JURIDIQUE DU BÉNÉFICIAIRE DE L'AUTORISATION

Il n'y a aucune équivalence entre les obligations imposées au bénéficiaire et les droits limités dont il jouit. Le caractère unilatéral de l'acte s'y oppose. Les particuliers perdent facilement de vue cette notion, ce qui les amène à se méprendre sur leur situation juridique. C'est ainsi qu'ils sont souvent portés à croire transmissible à un tiers déterminé, l'autorisation à eux délivrée. Le malheur, c'est que les apparences sont en faveur de cette thèse erronée. Elles prennent une force très grande dans l'hypothèse, où la mesure de tutelle porte sur un établissement pouvant faire l'objet d'une transaction. L'autorisation d'ouvrir un bureau de placement est donnée gratuitement, et celui qui en dehors de l'administration achète le droit de l'exploiter a besoin d'être muni d'une nouvelle autorisation. Ce qui prouve que le bénéficiaire de la faveur administrative n'a aucun droit de transmission (1).

Si nous voulons situer exactement la position du particulier agréé par l'administration, nous dirons qu'il profite individuellement d'une dérogation au régime du droit commun. Le caractère individuel de la dérogation est un point important. Il entraîne, lorsqu'on se trouve en présence d'industriels ou de commerçants, cette conséquence fâcheuse de provoquer une rupture d'équilibre entre les concurrents. Il est certain qu'un commerçant qui a obtenu une dérogation à la règle du repos hebdonmadaire se trouve avantagé vis-à-vis d'un concurent qui n'a pu alléguer soit un préjudice grave au public, soit un préjudice menaçant son établissement. Le Code

1. C'est pourquoi l'administration se préoccupe de connaître le nom du successeur éventuel : Ordonnance du 18 décembre 1839, art. 27 « Tout directeur d'un établissement privé d'aliéné pourra, à l'avance faire agréer, par l'administration, une personne qui se chargera de le remplacer dans le cas où il viendrait à cesser ses fonctions» et plus loin: «Cette gestion provisoire ne pourra jamais se prolonger au delà d'un mois sans une autorisation spéciale du préfet»... Loi du 10 décembre 1917, art. 24 : « Lorsqu'un établissement autorisé ou déclaré change d'exploitant, le successeur ou son représentant doit en faire la déclaration au préfet dans le mois qui suit la prise de possession. Il est délivré un récépissé sans frais de cette déclaration. »

du travail, en l'espèce, a corrigé cet inconvénient, en posant le principe du droit pour tous de demander l'autorisation au préfet (1).

L'autorisation est précaire et révocable, mais il ne s'ensuit pas qu'on puisse, au hasard, prescrire une enquête nouvelle, et exiger du bénéficiaire qu'il recommance entièrement la procédure. On peut, par arrêté préfectoral, autoriser la réduction de la hauteur d'une cheminée de 70 à 50 mètres, sans pour cela procéder à une enquête nouvelle. Un requérant, voisin de l'usine où cette modification se produirait, ne pourrait réclamer pour défaut de formes, avec chance de voir sa prétention admise, qu'en prouvant un des faits ci-après : changement dans la nature de l'usine, ou dans ses procédés de fabrication ; ou changement dans la consistance de l'établissement ou dans son emplacement (Cons. d'Etat, 7 juillet 1920. Soc. des établissements de la Motte Leb, p. 667). Depuis l'enquête et l'autorisation, aucune industrie nouvelle n'a été ajoutée en modifiant le caractère, précise encore un autre arrêt (Cons. d'Etat, sieur Roulaud, Lebon, 1918, p. 460).

Nous touchons ici à la question de savoir si, en dehors de toute idée de retrait, l'administration ne reprend pas sa liberté d'action en présence de certaines circonstances. La transformation dans un des éléments essentiels de l'établissement est un des événements qui rendent nécessaire un nouvel arrêté d'autorisation ; ou, tout au moins, un complément d'autorisation. « Toute extension de l'exploitation, entraînant une modification notable des conditions imposées (par l'arrêté ou par les termes de la déclaration) nécessite, suivant la classe de l'établissement, une demande d'autorisation complémentaire ou une déclaration nouvelle » (art. 26, loi du 10 déc. 1917).

L'arrêté ou l'acte d'autorisation cesse également de produire effet, s'il n'est pas suivi d'un commencement d'exécution dans un délai déterminé (2) ou, si le bénéficiaire se livre à une exploitation trop irrégulière (3). Ce double principe est appliqué par

---

1. *Code du Travail*, livre II, art. 36.

2. Loi du 28 juillet 1885 sur les lignes télégraphiques ou téléphoniques, art. 11 : « L'arrêté préfectoral d'autorisation... sera périmé de plein droit s'il n'est pas suivi d'un commencement d'exécution dans les six mois de sa date ou dans les trois mois de sa notification.

3. Ordonnance du 18 décembre 1839. Les héritiers ou ayants cause du directeur devront, dans le délai d'un mois, présenter un nouveau directeur, pour en remplir définitivement les fonctions. Si la présentation n'est pas faite dans ce délai, l'arrêté d'autorisation sera rapporté de plein droit, et l'établissement sera fermé.

la législation sur les établissements dangereux. « L'arrêté autorisant l'ouverture,.. cessera de produire effet, quand l'établissement n'aura pas été ouvert dans le délai fixé par ledit arrêté, délai qui ne pourra être de moins de deux années, ou n'aura pas été exploité pendant deux années consécutives, sauf le cas de force majeure » (art. 16, loi du 10 déc. 1917).

La loi assimile d'ailleurs complètement la force majeure aux autres événements. « Lorsque, par suite d'un incendie, d'une explosion ou de tout autre accident résultant des travaux techniques d'exploitation d'une usine classée ou déclarée, celle-ci a été détruite et mise momentanément hors d'usage, une nouvelle autorisation sera nécessaire pour rétablir ou remettre en activité cette usine. »

CHAPITRE III

DÉFAUT D'AUTORISATION

Le principe d'une visite régulière ne vaut que pour les législations prévoyant un corps d'inspecteurs. Dans cette hypothèse, assez courante, les inspecteurs s'assureront que les établissements ont obtenu l'autorisation. Les préfets seront avisés, par exemple, lorsque les inspecteurs auront découvert des fabriques d'eaux minérales artificielles ou des dépôts non autorisés (Décret du 26 novembre 1921, art. 3).

En dehors de ce mode normal de constatation, l'administration trouvera de précieux auxiliaires parmi les concurrents mêmes de l'industriel en défaut. Il est admis que, quand une loi ou même une simple ordonnance d'une autorité légalement constituée, soumet une profession à une réglementation formelle, l'industriel qui se dispense de la respecter, se rend passible de dommages-intérêts, envers celui qui n'exploite qu'après s'y être soumis (Voir arrêt du 15 juillet 1889, Cotty Compagnie général des Omnibus. Dall. 1890.1.85, et Cons. d'Etat, arrêt du 7 déc. 1888. Dall. 1890.3.9). La compétence est au tribunal de

---

Dans un ordre d'idées analogue on citera la loi du 10 décembre 1917, art. 28. « Une interruption d'un an au moins dans le fonctionnement d'un établissement existant antérieurement au règlement d'administration publique qui a classé l'industrie à laquelle cet établissement se rattache entraîne la perte du bénéfice résultant de cette antériorité ».

commerce, mais celui-ci doit surseoir à statuer s'il se présente une question d'interprétation d'un acte administratif. Cette hypothèse est d'ailleurs rare, le défaut d'autorisation résultant d'une absence complète de rapports entre le particulier et l'administration. Ce qu'il y a d'intéressant, pour cette dernière, c'est que l'instance directe, devant le tribunal de commerce, va la mettre au courant de l'existence d'une exploitation irrégulière.

La sanction du défaut d'autorisation est, en général, la contravention. Cependant, certains textes prévoient une répression plus forte allant jusqu'à l'emprisonnement (1) et à la confiscation spéciale (2) des objets soustraits jusque-là aux investigations des autorités. De même la récidive, le dommage causé aux personnes par suite de la contravention entraînent emprisonnément (3).

---

1. Décret du 27 décembre 1851, art. 1er : Quiconque transmettra sans autorisation des signaux d'un lieu à un autre, soit à l'aide de machines télégraphiques, soit par tout autre moyen, sera puni d'un emprisonnement d'un mois à un an et d'une amende de 1.000 à 10.000 francs.

Loi du 1er juillet 1901, art. 16 : Toute congrégation formée sans autorisation sera déclarée illicite... Ceux qui en auront fait partie seront punis des peines édictées à l'art. 8 § 2 (amende de 16 à 5.000 francs et emprisonnement de six jours à un an). La peine applicable aux fondateurs et administrateurs sera portée au double. Voir la nouvelle rédaction en date du 4 décembre 1902 pour la liste des personnes passibles des peines portées à l'art. 8 § 2.

2. Loi du 27 mars 1906 modifiant l'article 56 de la loi du 3 juillet 1877. Réquisitions relatives aux mines des combustibles. Règles d'après laquelle aucun exploitant ne peut, sans y être autorisé, faire des livraisons à des tiers tant que dure la réquisition. Dans le cas d'infraction à cette disposition la peine encourue sera celle de la confiscation des combustibles indûment livrés et d'une amende égale au double de la valeur commerciale de ces combustibles (art. 56 nouveau, alinéa 6).

Loi du 14 juillet 1860 sur la fabrication et le commerce des armés de guerre, art. 12.

3. Loi du 23 décembre 1874, art. 11 : En cas de récidive, la peine d'emprisonnement prévue par l'art. 480 du Code pénal peut être prononcée. Si par suite de la contravention.. il est résulté un dommage pour la santé d'un ou de plusieurs enfants la peine d'emprisonnement peut être prononcée. En cas de décès, il est fait application de l'article 319 du Code pénal.

CHAPITRE IV

RECOURS POUR EXCÈS DE POUVOIR

SECTION PREMIÈRE

LA RECEVABILITÉ

Fin de non recevoir tenant à l'acte. Fin de non recevoir tenant au défaut d'intérêt du requérant. Fin de non recevoir tenant à la forme et aux délais. Fin de non recevoir tenant au recours parallèle.

I. — Nature de l'acte

Le recours pour excès de pouvoir n'est recevable que contre une décision administrative exécutoire et susceptible de faire grief, prise par une autorité contenue dans la hiérarchie (1). Ce principe général domine également les recours en matière d'autorisation.

Actes administratifs

Le recours est irrecevable contre les actes législatifs. La règle s'applique, même dans l'hypothèse particulière des autorisations législatives. Qu'est-ce qu'une loi formelle, une loi de fond ? Les lois de fond sont des actes qui rentrent pleinement dans les attributions du législateur. Les lois formelles, au contraire, sont des actes administratifs qui sont faits par les Chambres. L'intervention législative, dans le second cas, va à l'encontre des principes par lesquels elle se justifie. Conçue pour donner des garanties aux administrés, elle commence par leur supprimer celle du recours (2).

Emanant d'une autorité comprise dans la hiérarchie

Il résulte de la classification que nous avons tenté de donner que l'autorisation émane d'une des autorités suivantes : Président de la République, ministres, préfets (pour l'Etat) ; Préfets,

1. Hauriou, *op. cit.*, p. 478 et 479.
2. Voyez *supra*, p. 21, autorisations législatives.

Conseil général, Conseil départemental (pour le département); maire, Conseil municipal (pour la commune).

Lorsque l'autorisation a été accordée ou refusée, par décret du Président de la République, statuant en conseil d'État, le recours pour excès de pouvoir n'en existe pas moins. La circonstance, que le Conseil d'État a donné un avis, n'est pas de nature à soustraire le décret à l'examen de la section du contentieux. Autrefois le Conseil d'État s'était placé sur le terrain de l'opportunité. Il est conforme aux principes, que la section du contentieux ne se préoccupe pas de ce point de vue.

Décision susceptible de faire grief

On ne saurait voir des décisions exécutoires dans des actes administratifs, tels que des mesures prises par des agents, dont le rôle se borne à élaborer le travail préparatoire. L'enquête prescrite par la loi du 30 mai 1916 (art. 3) sur les œuvres qui font appel à la générosité publique et menée par la commission du contrôle des œuvres de guerre, n'est pas une décision exécutoire. Les autorisations n'interviennent jamais, sans que des investigations, assez longues, ne soient venues démontrer que l'intérêt public, ou privé, ne court aucun danger. On peut même dire que le pouvoir de s'informer, notamment par l'enquête, est inclus dans celui de délivrer les autorisations. La loi du 23 décembre 1874, article 11, soumettant l'ouverture d'un bureau de nourrices à une instruction dirigée par le préfet ou le préfet de police, n'entre pas dans le détail de ces formalités. Il est indiscutable que les mesures prises par l'administration, dans l'exercice de ses recherches, échapperaient à tout recours.

Une décision est susceptible de faire grief, par le fait même que rien ne la sépare de son exécution. « Les actes d'autorisation, ayant pour effet de rendre d'autres actes exécutoires, il semble difficile de concevoir qu'une pareille mesure de tutelle ne constitue pas, elle-même, une décision exécutoire » (1)... « Il en existe cependant, et la jurisprudence va nous permettre d'en signaler une qui ne faisant pas grief aux intéressés ne constituant qu'un simple projet, n'est pas de nature à être annulée pour excès de pouvoir. Voici l'hypothèse : Un préfet, en réglant le budget d'une commune, réduit d'office une recette, consistant en une subvention accordée par l'État, en vue des dépenses

1. De Bezin. *Autorisations et approbations de tutelle*, thèse Toulouse, 1906, p. 182.

d'instruction primaire ». « Considérant que l'inscription opérée ne constitue qu'une simple prévision, et ne fait pas obstacle à ce que la commune se pourvoie contre la décision qui fixera définitivement la subvention qui lui sera allouée pour les dépenses d'instruction primaire dans le cas où cette dernière ferait une inexacte appréciation de ses droits ; qu'ainsi l'arrêté attaqué ne saurait en l'état, lui faire grief et n'est pas, par suite, susceptible d'être déféré au Conseil d'Etat » (1).

En thèse générale, les actes, qui sont en forme de contrats, ne donnent pas lieu à un recours (Cons. d'Etat, 29 mai 1905, Collardeau). La circonstance qu'une loi a approuvé le contrat ne permet pas d'assimiler la violation d'un contrat à la violation de la loi (2). Les choses, au surplus, ne se présentent pas toujours avec tant de simplicité, et il peut arriver que des actes administratifs, d'une nature différente, soient accolés à des actes ne pouvant faire l'objet d'un recours pour excès de pouvoir. Cela se produit, surtout en matière de contrats, et il suffira d'un exemple pour éclairer la discussion : Un département concède un chemin de fer d'intérêt local ; il y a opération contractuelle se décomposant en plusieurs actes.

1° Le contrat proprement dit, c'est-à-dire l'ensemble dénommé bail, cahier des charges ;

2° Les actes administratifs unilatéraux qui servent de soutien aux contrats. On peut distinguer : *a*) les actes d'autorisation de passer contrat (délibérations du Conseil général) ; *b*) les actes de tutelle de l'autorité supérieure ;

3° Les actes de passation.

La question s'est posée, de savoir si l'on peut détacher des actes administratifs qui ne présentent qu'une apparence d'unité, tel acte en particulier. Le juge administratif le considérerait isolément, à l'exclusion des autres qui ne peuvent, par leur nature, être déférés au Conseil d'Etat,

Le premier arrêt date du 4 août 1905) (3). A cette époque, le

---

1. *Idem* : même référence p. 183. Cons. d'Et., 16 mai 1890, commune de Saint-Jean-le-Vieux, p. 494. Nous ajouterons que parmi les mesures qui, bien que visant directement les tiers ne sauraient être exécutoires parce qu'elles ne touchent pas encore à leurs droits, on peut citer les délibérations non approuvées par l'autorité supérieure (Cons. d'Et., 1er fév. 1901 ; ville du Blanc).

2. Cons. d'Etat, 6 déc. 1907 ; 27 février 1914, p. 270 ; 9 février 1917, p. 143.

3. Cons. d'Et., Martin, 4 août 1905. Rec., p. 749, concl. Romieu. Jurisprudence antérieure, C. d'Etat, 7 mai 1897. S. 99.3.51 ; 27 mai 1898. S. 00.3.76.

Conseil d'Etat a admis que la délibération du Conseil général est détachable du contrat. Il s'agissait d'un chemin de fer d'intérêt local.

Puis une évolution s'est produite. Primitivement, le Conseil d'Etat saisissait l'acte soutien du contrat et l'examinait intrinsèquement. Plus tard, la jurisprudence s'est établie sur des bases différentes. On vit la haute juridiction administrative aller chercher, dans l'illégalité du contrat, l'illégalité de l'acte (1). Dans l'arrêt du 11 juillet 1918, il s'agissait d'un traité d'éclairage avec monopole, donc nul pour violation de la loi. La délibération du Conseil général approuvant fut déclarée illégale. Comment en arrive-t-on à ce point? D'une façon très simple : le Conseil d'État s'est pénétré des termes du contrat ; il ne l'a pas touché ; il ne l'a pas annulé, puisqu'il était lié par les règles de l'excès de pouvoir ; mais il a saisi l'illégalité du contrat, pour la greffer sur la délibération du Conseil général, qu'il a pu, ainsi, annuler.

Une telle conquête est précieuse. Les tiers ne peuvent déférer le contrat lui même. Mais ils attaqueront l'acte d'approbation, et l'annulation par le Conseil d'État de cet acte-soutien constituera pour le juge du contrat une indication. Chaque fois qu'une opération contractuelle irrégulière ne peut être déférée au Conseil d'État, on peut lui déférer, pour excès de pouvoir, l'acte par lequel l'autorité soit délibérante, soit exécutive, a illégalement concouru à la formation du contrat, soit pour l'autoriser, soit pour le passer, soit pour l'approuver, alors même que le motif d'annulation de l'acte serait tiré du contrat lui-même.

Pouvoirs du juge

Il est assez naturel de voir les requérants oublier que le juge de l'excès de pouvoir n'est pas juge de l'opportunité. Un arrêt du Conseil d'État, 11 mars, 1887, hospices de Toulon contre ministre de l'Intérieur, spécifie que « le préfet du Var, en refusant d'approuver la modification au règlement intérieur, votée par la Commission administrative des hospices de Toulon, a statué, dans la limite de ses pouvoirs, et que l'appréciation des motifs, sur lesquels sont fondés la décision et la décision confirmative du ministre de l'Intérieur ne saurait être soumise au Conseil d'État par la voie contentieuse ».

---

1. Cons. d'Et., 8 avril 1911, p. 467 ; 11 avril 1918, Lefèbre.

Défaut d'intérêt du requérant

On peut faire état, pour rejeter la demande, du manque de qualités générales de droit commun (capacité) ou du manque d'intérêt direct et personnel.

Par intérêt direct, on exprime que la satisfaction du requérant à voir l'annulation se produire, doit être immédiate, et non pas plus ou moins lointaine. La notion d'intérêt personnel s'identifie avec celle d'un préjudice personnel, causé au requérant. Cela écarte l'idée fausse qui consiste à dire que l'acte en litige doit viser, personnellement, le requérant.

Les chances de recevabilité augmentent, pour le requérant, à mesure que diminue le nombre des individus, faisant partie du groupe dont il se réclame. La qualité de contribuable, celle de propriétaire foncier ou de membre d'une assemblée délibérante, sont plus appréciables, à n'en pas douter, que celle d'habitant. Elles sont, d'ailleurs, assez souvent invoquées en matière d'autorisations administratives.

Remarquons, d'abord, que certains actes d'approbation, ou d'autorisation, portant organisation de services nouveaux, ne sont pas susceptibles d'un recours. Il suffit, pour le comprendre, de se représenter qu'aucun administré ne se trouve dans une catégorie juridique antérieure, lui donnant intérêt à les attaquer (1).

La jurisprudence n'exige plus, comme autrefois, que le contribuable établisse avec précision quel intérêt il peut avoir à rechercher l'annulation d'un acte (2). Elle déclare recevable la demande formée par lui, visant l'annulation des mesures financières prises par le Conseil municipal, ou des actes de tutelle accomplis à propos de ces mesures (3). La séparation, entre la délibération du corps autonome et l'approbation, serait illogique. Nous avons vu que la possibilité d'attaquer l'acte-soutien a permis parfois d'arriver à l'annulation de la décision approuvée (4).

Les actes, portant approbation ou organisation d'une taxe, figurent parmi ceux que le contribuable a plus particulièrement intérêt à attaquer. La haute juridiction administrative a été

---

1. Cons. d'Etat, 17 juillet 1896. Compagnie des Tramways de Paris : décret autorisant la création d'un syndicat de communes.
2. Cons. d'Etat, arrêt Casanova. S. 1901.3.73.
3. Cons. d'Etat, 29 décembre 1905 et 6 avril 1906. S. 1906.3.49.
4. V. *supra*, p. 92, arrêt du 11 juillet 1918.

assez loin, sur ce point, « pour reconnaître au contribuable le droit de contester, à toute époque, la légalité de la taxe, le principe même de l'imposition. Elle s'est prononcée souvent en ce sens, en matière de taxes de curage, ou en matière de subventions spéciales pour dégradations extraordinaires aux chemins vicinaux (Voyez notamment 5 janvier 1887, Beaumini, Rec, p. 7 ; 4 janvier 1878, Cheilas Rec., p. 10). « En résumé, nous estimons que les contribuables sont recevables, lors du recouvrement de la taxe, à contester la légalité du principe de la taxe, et cela, à toute époque » (1).

Sur bien des points, on a reconnu au contribuable cet intérêt direct et personnel, passeport nécessaire pour être admis à la barre du Conseil d'État. Cependant, quelques exceptions subsistent encore. Les décisions prises par la Commission départementale, sur les matières énumérées aux articles 86 et 87 de la loi du 10 août 1871 (2), pourront être frappées d'appel, devant le Conseil général, pour cause d'inopportunité ou de fausse appréciation des faits, soit par le préfet, soit par les conseils municipaux, ou par toute autre partie intéressée. La qualité de partie intéressée est, dans ce cas, déniée par le Conseil d'État, aux simples habitants ou contribuables (3). Dans le même ordre d'idées, les délibérations, portant classement, ouverture, redressement, élargissement d'un chemin vicinal sont des actes administratifs, dont l'annulation peut être demandée par la commune, non par de simples contribuables (4).

Le particulier subit, souvent, du fait de telle autorisation ou approbation, une restriction dans son droit de propriété. Il suffit d'imaginer un déplacement irrégulier, dans le tracé d'un périmètre de protection des eaux de source, d'un périmètre d'octroi. Le recours du propriétaire lésé est-il admis ? Il faut, pour résoudre le problème, se placer au point de vue des droits acquis.

A bien analyser les choses, nous nous trouvons, ici, en face d'avantages indirects. En établissant un tramway, en laissant certains administrés en dehors du périmètre de l'octroi, on

---

1. Cons. d'Etat, 9 mars 1906, Domec, Rec. p. 215, Conclusions de M. Romieu.

2. Il y a dans ce cas deux approbations émanant de la commission départementale : 1° approbation d'abonnements relatifs aux subventions spéciales pour la dégradation des chemins vicinaux ; 2° approbation du tarif des évaluations cadastrales.

3. Cons. d'Etat, 7 août 1900. S. 1903.3.15.

4. Cons. d'Etat, 8 août 1895. S. 1897.3.134.

n'entend pas faire bénéficier directement, qui que ce soit d'un état de pur fait. Malheureusement, les propriétaires tirent vite de leur situation particulière des avantages privatifs tels, qu'ils sont enclins à se croire investis d'une situation juridique déterminée. Tout naturellement, quand ces avantages sont menacés, par suite d'un changement, qu'ils auraient dû prévoir, ils attaquent l'acte administratif qui le consacre.

Cependant, arrivée à ce point du raisonnement, la jurisprudence a tenu pour établi que si les particuliers qui profitent de la situation actuelle n'ont pas de droit véritable à ce qu'elle soit maintenue, ils ont, du moins, un intérêt légitime à ce que la modification projetée suive en détail la procédure appropriée. Ainsi s'expliquent la reconnaissance des droits du riverain d'une voie de tramway, pour les actes relatifs à cette voie (1), l'arrêt assez typique du 21 décembre 1906, concernant le syndicat du quartier de la Croix de Segey (2) et, plus anciennement, l'arrêt Rousset (3).

Le Conseil général et le Conseil municipal sont, l'un et l'autre, soumis à des mesures propres à les gêner, soit dans leur fonctionnement, soit dans leurs attributions, quand elles ne mettent pas en question leur existence. La jurisprudence admet, parfaitement que l'assemblée délibérante attaque les mesures illégales qui la visent directement (4). Faut-il aller plus loin, et donner au Conseil général, au Conseil municipal, au maire, la possibilité d'attaquer les décisions de l'autorité supérieure qui annulent, suspendent, ou refusent d'approuver leurs actes ? L'article 67 de la loi du 5 avril 1884 permet au Conseil municipal de se pourvoir contre l'arrêté du préfet devant le Conseil d'Etat dans les formes du recours pour excès de pouvoir (5). Beaucoup

---

1. Cons. d'Etat, 6 mars 1903. S. 1905.3.125 ; 3 février 1905, Storch.
2. S. 1907.3.33.
3. Cons. d'Etat, 27 décembre 1850. Il s'agissait d'habitants qui attaquaient la décision portant extension du périmètre de l'octroi. Il est évident que ce changement allait à l'encontre de l'intérêt légitime des habitants.
4. Cons. d'Etat, 18 mars 1904, 22 et 29 avril 1904. S. 1906.3.52.
5. « Il existe une catégorie de recours en forme de recours pour excès de pouvoir. Ils ressemblent au recours pour excès de pouvoir en ce qu'ils poursuivent l'annulation de certains actes et en ce qu'ils sont dispensés du ministère d'avocat ; ils en diffèrent par les ouvertures ; le principal de ces recours en forme de recours pour excès de pouvoir est celui créé contre l'arrêté du préfet statuant sur une demande en nullité d'une délibération du Conseil municipal (art 67, L. 25 avril 1884) ; ses ouvertures sont l'incompétence et la violation de la loi ; un autre de ces recours est celui prévu par la loi du 1er avril 1898, art. 16, sur les sociétés de secours mutuels contre le refus d'approbation des statuts, il

moins libérale est la disposition qui régit, non plus la nullité des délibérations, mais les approbations auxquelles elles sont soumises. L'article 69, *in fine*, ne prévoit, contre le refus d'approbation ou le silence du préfet, qu'un pourvoi devant le ministre de l'Intérieur. Pour l'application de cette disposition, cf. Conseil d'Etat, 10 mars 1911. Commune de Bonjailles. S. 1912.3.41.

Si nous examinons, non plus les droits de l'assemblée, mais ceux des membres en particulier, nous voyons en dehors de la faculté qui s'offre à eux de recourir contre une délibération portant atteinte à un de leurs droits personnels (1), qu'ils sont encore admis à attaquer une délibération à portée plus générale, et concernant une affaire départementale ou communale (2).

Au point de vue théorique, le recours des membres d'assemblées délibérantes, contre un arrêté du préfet, est plus facile à admettre que le recours de ces membres contre la décision de la majorité. Il est vrai, qu'en sens inverse, on peut alléguer que c'est le seul moyen de contraindre les majorités à respecter la loi, ou à prendre une plus exacte conscience des intérêts de la commune.

La qualité du requérant prend une importance exceptionnelle lorsqu'on se trouve en présence de délibérations, contre lesquelles aucune voie de nullité n'a été prévue. On peut, en l'absence de dispositions, attaquer les décisions des commissions administratives des hôpitaux. Pour apprécier la recevabilité du recours pour excès de pouvoir, on tient compte, à la fois, de la qualité du réclamant, et du caractère, plus ou moins exécutoire, de la décision (3).

Formes et délais

Le recours pour excès de pouvoir n'est pas recevable, s'il n'est pas présenté suivant les formes et les délais prévus par les lois.

Il y a dispense du ministère d'avocat. Quant aux droits d'enregistrement, on suit la loi du budget du 17 avril 1906, concernant l'enregistrement en débet. La requête doit être sur timbre (4). Le recours est possible *omissio medio*, c'est-à-dire

---

a pour ouverture la violation ». Note de M. Hauriou. *Précis*, chapitre concernant le recours pour excès de pouvoir.

1. Cons. d'Et. 3 mars 1905 S. 1907. 3.27; 1er mai 1903, Bergeon S. 1905.3.1.

2. Cons. d'Et., 4 août 1905, Martin. S. 1906. et Lebon, p. 750. Conclusions Romieu. Pour le recours du maire, en tant que tel, contre les actes de tutelle, Cons. d'Et., 18 avril 1902, maire de Néris.

3. Cons. d'Et., 2 août 1889, Casse ; 6 avril 1900, du Bouays.

4. Par contre, la décision des autorités administratives portant autorisa-

sans recourir, au préalable, jusqu'au ministre, en usant de la voie hiérarchique.

Le danger de forclusion (1) s'est accusé plus fortement qu'autrefois, depuis la loi du 13 avril 1900, art. 24. Le Conseil d'Etat a paré à la réduction du délai de deux à trois mois, en exigeant une notification non équivoque telle que la copie complète portée à la connaissance de l'intéressé de la décision à attaquer (2). Il y a lieu, toutefois, d'opérer une distinction entre les dispositions générales ou réglementaires, et les dispositions particulières. Selon l'arrêt Avézard (3) « aux termes de l'article 11 du décret du 22 juillet 1806, le délai du recours devant le Conseil d'Etat ne court que du jour de la notification de la décision attaquée, mais cette règle n'est applicable qu'aux recours for-

---

tion est exempte du timbre sur la minute et de l'enregistrement tant sur la minute que sur l'expédition. Art. 80 et 78 conjugués de la loi du 15 mai 1818. Voir l'énumération des actes auxquels profite l'exemption au *Dictionnaire des droits d'enregistrement*, v. Acte administratif, n° 60 (1° et 13°).

1. Le danger de forclusion est très appréciable dans l'hypothèse où le réclamant a usé avant de venir devant le Conseil d'Etat de la voie hiérarchique. Si le particulier est libre d'emprunter les deux voies, on peut affirmer que, bien conseillé, il n'hésitera pas à aller directement devant la haute juridiction. Sans doute, quand le recours hiérarchique n'aboutit pas à une confirmation, il y a décision nouvelle du supérieur à partir de laquelle court un nouveau délai pour le recours contentieux. Mais il n'est pas prudent de se placer d'emblée sur le terrain le plus favorable ; si la décision est, au contraire, confirmative, nous savons que le point de départ du délai remonte à la première décision, ce qui entraîne la forclusion du requérant.

Si l'intéressé ne croit pas devoir utiliser la voie hiérarchique, l'autorité supérieure reste libre de se saisir d'office. Elle exerce alors un pouvoir de contrôle moins étendu que lorsqu'elle est saisie directement. Dans le premier cas, les actes des préfets ou sous-préfets peuvent être annulés seulement s'ils contiennent des prescriptions contraires aux lois et règlements. Dans le cas de recours, ils peuvent être annulés ou réformés pour tous motifs (art. 6, décr. 25 mars 1852 ; art. 7, décr. 13 avril 1861).

Les recours hiérarchiques contre les décisions préfectorales d'autorisation sont généralement portés devant les ministres. Dans un cas, cependant, nous relevons la forme exceptionnelle du décret en Conseil d'Etat (Loi du 8 avril 1898, art, 13 : réclamations contre les autorisations de prise d'eau) Simonet, p. 676, de son *Traité*, explique « cette anomalie par le soin qu'avait pris le Conseil d'Etat, dans son projet, de garantir les intérêts privés. Le préfet devait statuer en Conseil de préfecture et le recours devait être porté devant le chef du pouvoir exécutif en Conseil d'Etat. On a supprimé l'intervention du Conseil de préfecture par la décision du préfet, mais en cas de réclamation contre cette décision, on a laissé subsister la nécessité d'un décret en Conseil d'Etat. »

2. Cons. d'Etat, 18 mars 1901, Savary, conclusions Teissier.

3. Cons. d'Et., 24 janv. 1902. S. 1904.3.[illegible] et *Rec.*, p. 44.

més contre les actes qui doivent faire l'objet d'une notification indiviuelle » (1).

La distinction proposée par la jurisprudence lui a permis de conserver un vestige ressemblant à l'ancienne théorie de la connaissance acquise. On est parti de cette idée que les assemblées délibérantes, par l'étroite réglementation à laquelle elles sont assujetties, sont en rapports plus suivis avec l'autorité supérieure que le simple particulier. Cette notion fut utilisée pour l'élaboration de règles spéciales aux assemblées délibérantes. On admit que si le corps en question a délibéré sur le détail d'une décision, elle n'est pas fondée à se prévaloir du défaut de démarches de l'administration, concernant la notification. Les membres d'une assemblée délibérante sont réputés connaître les questions traitées en séance, même s'ils ont été absents (Conseil d'Etat, 4 août 1905, Martin).

Jusqu'ici, nous n'avons envisagé que la voie de nullité directe. Elle suppose des conditions de délai assez rigoureuses, prévues par la loi du 13 avril 1900, article 24... Si les délais sont expirés, il n'y a aucun obstacle juridique à ce que l'irrégularité soit mise en cause indirectement. C'est à propos de contrats, nécessitant une approbation, que le principe a été le plus nettement dégagé. On peut, lors de l'exécution d'une convention, soulever devant le juge du contrat une exception tendant à faire vérifier par l'autorité compétente si la dite convention a été régulièrement approuvée (Cons. d'Etat, 26 avril 1882. Ville de Cannes, Rec., p. 389) (2). La requête, ainsi formée, ne saurait être soumise aux délais par l'article 11 du décret du 22 juillet 1806 (même référence).

Le recours au Conseil d'Etat consécutif à quatre mois de silence de l'administration est recevable *sine die*. En d'autres termes, ce recours emprunte un caractère de pérennité que n'a pas le recours contre une décision expresse (3).

1. C'est à l'administration de prouver que l'acte a été notifié ; en ce sens Cons. d'Et., 21 mars 1907, Desplanche ; 3 avril 1914, commune de Saint Mathurin.

2. M. le professeur Jèze voit dans l'arrêt précité et dans plusieurs autres qui dépassent le cadre de ce travail, une application de la règle « quæ temporalia sunt ad agendum perpetua sunt ad excipiendum ». Il attire l'attention de ses lecteurs sur ce fait que parfois le Cons. d'Etat refuse de statuer indirectement sur la légalité d'un acte, non parce qu'il écarte la règle *quæ temporalia...*, mais parce que la question de légalité est soumise à un tribunal qui n'a pas compétence pour en connaître. Ex. Cons. d'Etat, 7 janv. 1905. Fradet, p. 9.

3. Parmi les explications proposées nous retiendrons, tout particulièrement, celle de M. Jacquelin. « La réclamation adressée à l'autorité

Théorie du recours parallèle

La théorie négative du recours parallèle n'a jamais été adoptée par le Conseil d'État. Elle prête à diverses critiques. En particulier, en donnant au Conseil d'État une juridiction universelle, en ne distinguant pas si les autres juges peuvent être saisis, on arrive à la pratique des évocations. Les juges inférieurs sont privés injustement. Le Conseil de préfecture se trouverait vite sans affaires.

Aussi la jurisprudence, tout en ayant admis d'assez larges exceptions au principe, applique encore la fin de non-recevoir tirée de l'existence d'un recours parallèle. Elle l'applique, sous réserve d'une réglementation assez stricte.

Pour que la fin de non-recevoir soit opposable, il faut à l'individu une action (1) directe, susceptible de paralyser l'acte, portée devant un juge (2) et aboutissant aux mêmes résultats pratiques individuels que l'excès de pouvoir.

Quant aux brèches faites à la théorie reconnaissons qu'elles deviennent de plus en plus nombreuses.

---

administrative constitue, au point de vue juridique, un recours gracieux. Le particulier s'adresse tout d'abord au représentant de la personne du ministre. Or — point qui a déjà été souligné — le recours gracieux n'est soumis à aucune règle de procédure : si l'administration qui en est saisie garde le silence, rien n'empêche qu'un nouveau recours gracieux n'intervienne. Il en était certainement ainsi avec la loi du 17 juill. 1900 (art. 3) : si cette loi avait voulu renverser le principe, elle l'aurait dit formellement. Un bouleversement aussi grave ne peut s'induire du simple raisonnement. Dès lors étant susceptible d'être renouvelée après l'expiration de quatre mois de silence gardé par l'administration, la réclamation accompagnée d'un nouveau récépissé aurait fait courir un nouveau délai de quatre mois et ainsi de suite indéfiniment »... « A quoi aurait servi d'édicter un délai passé lequel aurait expiré le recours au Conseil d'Etat contre le premier silence ? » M. Jacquelin à son cours.

La conception de M. Jacquelin est d'autant plus intéressante que le Cons. d'État ne l'a pas aperçue. Dans l'arrêt Ducreux, S. 1906.3.129, il s'en tient au critérium de l'absence de notification dans le cas de silence prolongé ; il se base sur cette remarque que le point de départ du délai se compte à partir de la notification. Mais, répond M. Jacquelin, « le particulier qui a formé la réclamation n'a aucunement besoin d'être touché par une notification quelconque. Pour avoir la certitude que sa réclamation est rejetée il lui suffira de savoir que les quatre mois sont écoulés depuis le récépissé de sa réclamation ».

1. Il faut un moyen d'attaque et non un moyen de défense. Dans l'hypothèse prévue part l'art. 471-15° du C. pén., si le recours pour excès de pouvoir était déclaré irrecevable on aboutirait à cette procédure singulière de forcer un individu à commettre une contravention.

2. Il n'y a pas de recours parallèle, si l'on se trouve en présence d'un recours hiérarchique (Cons. d'Etat, 24 juin 1881, Roujard ; 10 mars 1911, commune de Boujailles).

Devant l'autorité judiciaire, en matière de taxes d'octroi, de contributions indirectes, autrefois, la fin de non-recevoir était toujours opposée. L'irrecevabilité a été reconnue dans des arrêts des 3 février 1903, Botella et 4 décembre 1903, Barthe. Après 1911, on peut suivre un mouvement d'émancipation. Le Conseil d'État revient à la vieille idée du recours pour excès de pouvoir flagrant. Dans un arrêt du 6 juin 1913, p. 627, Ng-ah-Yang, il s'agissait d'une taxe de séjour, établie par un gouverneur de l'Océanie. La taxe intéressant la diplomatie n'est susceptible que d'une loi. Le Conseil d'Etat parla d'excès de pouvoir et il n'hésita pas à admettre le recours. La jurisprudence s'est fondée, ici, sur une distinction : ou bien il s'agit du règlement général, et l'excès de pouvoir flagrant s'applique, ou bien il s'agit des effets du règlement et alors on ne fait plus état de la notiou précédente (1).

Devant le Conseil de préfecture, les actes administratifs, servant de base au recouvrement des contributions directes, ne peuvent, en principe, faire l'objet d'un recours pour excès de pouvoir. Jadis le Conseil d'État observait, strictement, cette règle qui fut écartée, une première fois, en matière d'arrêtés de curage (2). Plus tard, on reconnut que, pour les actes dépourvus manifestement de bases légales, la recevabilité du recours pour excès de pouvoir s'impose. Le recours pour excès de pouvoir a été admis, *de plano*, contre un rôle signé par le préfet d'Alger,

---

1. 1er mars 1918, Chambre syndicale des chauffeurs d'automobiles; 3 mars 1918, Société Niçoise de transports par automobile : le maire de Nice avait établi des droits de stationnement au lieu de laisser la procédure ordinaire suivre son cours (délibération du Cons. municipal approuvée par le préfet). Le Conseil d'Etat a admis le recours parce qu'il y avait là un règlement général illégal.

Rappelons que d'après l'ancienne jurisprudence du Cons. d'Etat, lorsque la délibération d'un conseil municipal par exemple avait été suivie d'un contrat de droit commun, tel qu'un contrat de bail de vente, les intéressés ne pouvaient plus se pourvoir directement devant l'autorité administrative en annulation de la délibération. L'autorité judiciaire seule était compétente sauf à renvoyer les questions préjudicielles qui seraient du ressort exclusif de l'administration. Cons. d'Etat, 1er déc. 1859, Ducimetière ; 9 janv. 1867, Verdier ; 2 févr. 1877, Soubry ; 15 juillet 1898, Binot de Villiers ; 11 mai 1900, Sampigny. Cette jurisprudence est aujourd'hui abandonnée, 11 déc. 1903, Gorre ; 29 avril 1904, Messé, *Rev. gén. d'adm.*, 1904, t. II, p. 427 ; 13 mai 1910 Saint-Lô ; 29 janvier 1912, on lit dans ce dernier arrêt que « la circonstance que l'adjudication dont le requérant conteste la régularité aurait été suivie d'un bail dont l'annulation ne pourrait être poursuivie que devant l'autorité judiciaire, ne fait pas obstacle à ce que le Cons. d'Etat, statue sur la ligalité des autorités administratives qui ont procédé à cette adjudication.

2. Cons. d'Et., 28 janv. 1905, Boistel de Dieuval ; 23 nov. 1906, Bargué ; 17 avril 1907, Denoux

et mettant en recouvrement une taxe non prévue par les lois (1). En matière de travaux publics, le Conseil d'Etat se retranche derrière la loi de pluviôse an VIII, attribuant au Conseil de préfecture la connaissance des contestations entre un concessionnaire et l'administration. Cette formule de la haute juridiction ne l'empêche pas d'accueillir les recours intentés contre les actes qui servent de soutien au contrat, c'est-à-dire les actes de tutelle et d'autorisation de passer marché. Elle ne l'empêche pas non plus d'admettre les réclamations intervenant, en cours d'exécution du contrat, contre des manifestations du pouvoir de police (2)

Pour le Conseil d'Etat, il paraît étrange de parler d'une fin de non recevoir : le Conseil d'Etat, pourrait-il écarter, au titre de l'annulation, un recours qui relèverait de la pleine juridiction ? D'une façon générale, il faut se référer aux conclusions soumises à la haute juridiction. Un même acte peut être envisagé par le requérant de deux façons différentes : ou bien il demande l'annulation pure et simple de la mesure administrative, ou bien, tout en attaquant l'acte illégal, il a soin de réclamer, en outre, la condamnation pécuniaire de l'administration. Dans la première hypothèse, le Conseil d'Etat appliquera les règles de l'excès de pouvoir ; dans la deuxième, au contraire, il usera des pouvoirs de la pleine juridiction.

SECTION II

LES CONDITIONS DE SUCCÈS

Incompétence. Vice de forme. Violation de la loi et des droits acquis Détournement de pouvoirs.

Incompétence

C'est l'inaptitude légale à prendre tel acte. Plus simplement l'acte administratif, accompli par une personne qui n'en est pas chargée par la loi, est entaché d'incompétence.

La notion d'incompétence est une notion large, qui se décompose en formules plus étroites.

L'usurpation de pouvoirs se révèle lorsqu'un acte a été accompli par une personne n'ayant aucun pouvoir administratif de décision. La jurisprudence lui assimile les empiétements graves

1. Cons. d'Etat, 5 mars 1915, Demoiselle Pélissier-Malakoff.
2. Cons. d'Etat., 6 déc. 1907. Chemins de fer du Nord, etc., D. P. 1909, 3. 57.

sur le domaine législatif ou judiciaire. Cette condition de gravité nécessite une appréciation de la part du Conseil d'Etat.

L'excès de pouvoir est évident, et la jurisprudence estime que l'usurpation de pouvoirs, et par suite l'empiétement grave rend l'acte inexistant. Il n'y a pas voie de fait, s'il y a des actes d'exécution ; en ce sens nous citerons M. Hauriou, *Précis*, v. Voie de fait : « la voie de fait ne doit pas non plus être confondue avec l'acte entaché d'excès de pouvoir : un acte entaché d'excès de pouvoir n'en reste pas moins administratif (Cons. d'Et., 5 mai 1877. Laumonnier-Carriol). Il convient de remarquer que la voie de fait, par manque de droit, confine à l'excès de pouvoir pour incompétence, mais c'est une incompétence qui va jusqu'à l'usurpation de pouvoirs ; il n'y a aucune apparence de compétence (cf. Laferrière, t. II, p. 497). »

Que décider de l'exercice provisoire de fonctions ? Pour les maires qui attendent l'installation de leurs successeurs, on applique l'article 81 de la loi municipale. Par conséquent, dans le cas qui nous occupe, toutes les autorisations délivrées par le maire, continuant l'exercice de ses fonctions sont valables. En l'absence de tout texte, on admet que les actes de l'intérimaire sont réguliers s'il a été invité à continuer son ministère.

L'empiétement sur une autorité d'un autre ordre n'a pas d'intérêt, en ce qui concerne les autorisations administratives. Si un préfet empiétait sur les attributions réservées à l'autorité judiciaire, cela pourrait présenter un intérêt, au point de vue de l'excès de pouvoir en général, non au point de vue spécial auquel nous nous plaçons.

L'empiétement d'une autorité égale sur une autorité égale soulève la question de compétence territoriale. Là, encore, pas de difficulté ; si un arrêté du préfet prétendait s'appliquer à un département voisin, il serait annulé pour incompétence.

Malgré les apparences, malgré la hiérarchie, l'empiétement d'une autorité supérieure sur une autorité inférieure (1) constitue une illégalité. Le pouvoir hiérarchique, qui permet d'anéantir ou de réformer un acte, ne doit pas être confondu

---

1. Inversement l'autorité inférieure peut empiéter sur les attributions réservées à une autorité supérieure. Aux termes de la loi du 24 juin 1851, art. 6, « il sera pourvu par règlement d'administration publique à tout ce qui concerne l'institution et la surveillance des agents intermédiaires qui sont ou qui pourraient être accrédités près des monts-de-piété ». « En conséquence le maire excède ses pouvoirs en procédant lui-même à cette réglementation et en autorisant à Angoulême des bureaux de messagistes, des commissionnaires agréés du mont-de-piété de Bordeaux. » Cons. d'Etat, 5 juillet 1918. Mont-de-piété de Limoges. Leb., p. 677.

avec le pouvoir de statuer directement, et tout d'abord. Les autorisations délivrées par le préfet, d'après les pouvoirs qu'il tient du décret du 25 mars 1852, ne peuvent l'être par le ministre. La difficulté des empiétements de l'autorité supérieure tient, en grande partie, à l'enchevêtrement des pouvoirs de police. Nous avons déjà fait remarquer que le préfet a le droit d'interdire des courses de taureaux, qui ont été autorisées par le maire (Cons. d'Ét., 3 déc. 1897. S. 98.3.45). Il arrive, souvent, que trois autorités sont appelées à définir leur point de vue sur une même question de police. Cela se vérifie pour l'application du décret du 10 mars 1899 sur les automobiles (1). De même, en matière de voies ferrées d'intérêt local, le contrôle est réservé au préfet, sauf pour le maire à édicter telles règles de salubrité ou de sécurité, qui seront juxtaposables au règlement du préfet (2).

Il faut encore réserver le cas, assez rare, du refus de compétence qui consiste, pour un agent, à se déclarer, à tort, incompétent.

Vice de forme

Un acte administratif peut être entaché d'omission ou d'accomplissement irrégulier des formes prescrites.

Tout d'abord, on remarquera que, quand on parle de formes, on entend celles prescrites par les lois et règlements. Au contraire, les formes exigées par les circulaires ou instructions ministérielles (3) ne sont pas sanctionnées... par l'annulation, du moins. Le fonctionnaire incriminé est exposé à des sanctions disciplinaires.

Les formes et les enquêtes qui précèdent l'autorisation ont une telle importance que le Conseil d'Etat n'hésite pas à annuler des refus de l'administration, qui en méconnaîtraient la valeur. Il suffit de lire à cet égard les considérants du Conseil d'Etat

---

1. Si l'on étudie par exemple les pouvoirs du maire on voit que le décret de 1899 n'a restreint le pouvoir de police municipale que pour ce qui viendrait à l'encontre dudit décret. Cons. d'Et., 3 mai 1918. Le maire avait prescrit un numéro d'automobile faisant double emploi. L'application du décret de 1899 se trouvait contrariée.

2. Cons. d'Ét., 2 mai 1890, § 92.3.95.

3. Les prescriptions contenues dans le paragraphe 2 des instructions du ministre des Travaux publics du 28 févr. 1855, relatives aux concessions de prises d'eau pour l'établissement d'usines en Algérie ne constituent que des règles d'ordre intérieur dont la stricte application n'est pas une condition substantielle de la régularité des actes à intervenir. Cons. d'Et., 6 février 1920. Lezin-Giraud et Martinez. Leb., p. 129.

dans un arrêt du 2 juin 1920 sieur Faure, Leb., p. 545 : « Considérant qu'il résulte de l'instruction, et notamment de l'avis technique du Comité consultatif des arts et manufactures que, moyennant l'exécution de certaines prescriptions, l'établissement du sieur Faure ne saurait présenter d'inconvénients de nature à motiver un refus d'autorisation (1). »

Pour l'*insuffisance de formes*, le Conseil d'Etat interprète assez largement. Il a été jugé que les formes prévues par l'article 68 de la loi municipale concernant les délibérations soumises à approbation, sont remplies, même si le préfet se contente de mettre en marge de la délibération la mention : « Vu et autorisé la mise à exécution immédiate. » Une telle mention constitue un véritable arrêté, au sens de l'article 69 de la loi du 5 avril 1884 (Cons. d'Et., 19 janv. 1917, Bénard, p. 63).

Si la formalité prescrite a été omise, il n'est point nécessaire que la sanction soit indiquée par les textes ; l'omission entraîne toujours l'annulation. Il n'y a même pas à pallier la nullité par une distinction, entre les formalités substantielles et les formalités accessoires. Le Conseil d'Etat ne consent pas davantage à distinguer les formes édictées dans l'intérêt des particuliers de celles établies au profit de l'administration. Au point de vue théorique, il est difficile de dire en faveur de qui sont instituées les exigences de la procédure.

Quand il s'agit, non d'une omission, mais d'une simple *irrégularité*, il est certain qu'une partie, au moins, de la procédure a été accomplie. Le Conseil d'Etat s'empare alors de la distinction entre les formalités substantielles et les formalités accessoires, et est amené à rechercher si la partie accomplie est suffisante pour garantir un acte éclairé (2).

Violation de la loi et des droits acquis

Le recours pour violation de la loi, jadis distinct (3), a été assimilé complètement au recours pour excès de pouvoir.

A l'origine de cette extension, la violation de la loi devait en même temps porter atteinte à un droit (Conseil d'Etat, 10 novembre 1887. S. 1889.3.48). Depuis 1903, il n'y a plus besoin de

1. Le sieur Faure demandait à continuer l'exploitation d'une fabrique d'engrais au moyen de matières animales (1re classe) et d'un dépôt d'engrais desséchés en magasin couvert (2e classe). L'arrêté du préfet de police fut annulé.

2. Cons. d'Etat. 14 janvier 1887. R. 22.

3. La violation de la loi forme la matière d'une autre branche du contentieux, qui est le contentieux de pleine juridiction.

joindre la violation des droits acquis : « Dès que le recours aura été jugé admissible, l'annulation sera prononcée, si la loi a été violée par l'acte attaqué. Or, même quand la cause d'annulation invoquée consiste dans la violation de la loi, le Conseil se contente, aujourd'hui, d'un intérêt direct et personnel, pour considérer le pourvoi comme recevable. Il n'exige plus qu'il y ait violation d'un droit acquis (Conseil d'Etat, Molinier et autres, Lot et autres, 11 décembre 1903, S. 1904.3.113) » (Berthélemy, *Traité*. V. *Conditions d'annulation des actes attaqués pour excès de pouvoir*, 9ᵉ édit., 1921, p. 1050).

Il reste intéressant de constater qu'à force d'analyser la notion des droits acquis, la jurisprudence est arrivée à dégager un principe, fort important pour la matière des autorisations. On a reconnu que le retrait ne peut plus intervenir, lorsque la mesure a servi de point de départ à un acte d'exécution, ou a un contrat de droit commun, tel qu'un bail qui confère un droit acquis à un particulier. L'administration, après avoir approuvé telle décision, revient sur sa première idée, elle croit pouvoir retirer son approbation, en se fondant sur le caractère révocable de la mesure de tutelle. Mais ce qui est vrai pour l'administration, signifiant sa volonté à un industriel, ne l'est plus si la décision de revirement porte atteinte à des droits acquis (Conseil d'Etat, 2 mars 1877, Institut catholique de Lille, Rec. p. 221 ; 14 février 1913, Lapeyre, Rec. p. 199 (1).

---

1. Ces deux arrêts sont exposés remarquablement par M. Jèze dans ses *Principes généraux du droit administratif*. Nous transcrivons ces quelques lignes : « C. d'E., 2 mars 1877, Institut catholique de Lille. La Commission administrative des hospices de Lille décide de passer un traité avec l'Université catholique du Nord pour l'installation, dans un hôpital des cliniques médicales et chirurgicales de la dite Université. Le préfet autorise la décision, en conséquence, la convention est passée entre l'administration des hospices de Lille et l'Institut catholique. Le préfet approuve la convention. Ultérieurement, alors que la convention avait reçu un commencement d'exécution, le ministre de l'Intérieur, invoquant son pouvoir hiérarchiques, annule les arrêtés préfectoraux d'approbation. Le Cons. d'Et. saisi d'un recours pour excès de pouvoir contre les décisions du ministre, a déclaré : « Le traité avait créé, tant au profit de l'Institut catholique du Nord qu'à celui des hospices de Lille, des droits auxquels l'autorité administrative ne pouvait porter atteinte. » Dès lors, en annulant les arrêtés préfectoraux d'autorisation et d'approbation, le ministre a excédé ses pouvoirs. »

« Rapprochez C. d'E., 14 février 1913, Lapeyre. En 1906 un conseil municipal prend régulièrement une délibération portant engagement de verser pendant six années une subvention à un médecin. En 1906 le préfet prend un arrêté d'approbation de cette délibération. En 1909, le préfet retire son approbation et y substitue une approbation de la subvention pour une durée d'une année seulement. Le Cons. d'Et. a annulé le deuxième arrêté préfectoral.

L'administré a, souvent, une tendance à utiliser la voie de l'annulation, pour violation de la loi, au lieu de procéder à un examen précis des partis, auxquels il peut s'arrêter. Il a été jugé (Conseil d'Etat, 8 juin 1917, p. 446, De Martin), qu'un « particulier n'est pas recevable à présenter directement au Conseil d'Etat, une demande d'annulation pour violation de la loi d'une délibération du Conseil municipal, ni à en discuter la régularité, au moyen d'un recours dirigé contre l'arrêté, par lequel le préfet a donné son approbation, arrêté contre lequel il n'est relevé aucun vice propre : l'intéressé aurait dû demander, d'abord, au préfet de déclarer cette délibération nulle de droit, par arrêté pris en conseil de préfecture ».

On trouve également d'assez nombreuses requêtes, dirigées contre les pouvoirs de police du maire, qui sont rejetées, et, au fond, n'auraient jamais dû être intentées, si le particulier avait pris soin de se former une opinion, sur le sens des articles 91 et 97 de la loi municipale. « Le maire, qui par un règlement de police, subordonne à une autorisation le droit de vendre certaines denrées, sur les marchés ouverts de la ville, ne fait qu'user des droits qui lui appartiennent en vertu des articles 91 et 97 de la loi du 5 avril 1884 (1). »

Beaucoup mieux fondées sont les réclamations dirigées contre une autorisation par laquelle le pouvoir de police viole les règles générales du culte catholique (Conseil d'Etat, Abbé Barraud et autres, 23 janvier 1920, Leb., p. 75) ou la liberté du commerce et de l'industrie. Spécialement, le préfet de police n'a pas le droit de soumettre, pour le présent et l'avenir, les ruchers à une autorisation (2).

Détournement de pouvoir

Il y a illégalité, lorsque les pouvoirs administratifs sont exercés dans un but différent de celui que le législateur avait en vue. La preuve du détournement de pouvoir n'est pas, toujours, facile à administrer. On sait que le Conseil d'État ne veut pas user de la comparution personnelle des fonctionnaires

---

1. Autre exemple de requête mal fondée : « Un maire agit dans l'exercice régulier de ses pouvoirs, lorsqu'il retire, à l'exploitant d'un cinématographe, l'autorisation d'ouvrir sa salle de spectacle, par le motif que ledit exploitant avait refusé de prendre les mesures nécessaires, pour assurer la sécurité des spectateurs, en cas d'incendie.

2. Arrêt Vignet 13, mars 1885. Depuis cette époque on invoque beaucoup moins la liberté du commerce et de l'industrie. Cf. Ville de Dax, 3 décembre 1877, et 5 juin 1908, Marc et autres.

administratifs, aux fins d'être renseigné, par eux, des motifs qui ont déterminé leur acte.

Le plus souvent, on trouve des éléments de preuve dans l'acte lui-même, qui est déféré à la haute juridiction administrative. Si certains administrateurs facilitent la tâche du Conseil d'Etat, il n'en est pas toujours de même, et, alors, le juge de l'excès de pouvoir pourra établir sa conviction d'après les pièces versées au débat : correspondance qui a précédé l'acte ; observations des supérieurs hiérarchiques ; instructions. Pour l'application de la loi du 2 août 1872, organisant le monopole des allumettes, sur la base de l'expropriation avec indemnité des fabriques existantes, le ministre des Finances lança une circulaire aux préfets. Il suffisait de parcourir ce document pour rester persuadé que la procédure de la fermeture des établissements dangereux insalubles, pour défaut d'autorisation, était détourné de son but, dans l'intérêt d'un service financier (1). Il était, de plus, typique de constater que les arrêtés préfectoraux auraient dû être pris, non sur ordre du ministre des Finances, mais sur celui du ministre du Commerce (aff. Laumonnier-Carriol. Cons. d'Et., 5 mai 1877).

Le détournement de pouvoir se rencontre assez fréquemment dans l'exercice des pouvoirs de police conférés au maire. Cela s'explique d'autant plus aisément que, dans les petites communes, le maire connaît presque tous ses administrés, et n'est que trop tenté, pour la rédaction de ses arrêtés, de tenir compte de ses préférences personnelles ou, inversement, de ses inimitiés politiques ou autres. De telles manifestations sont à craindre, quand il s'agit de l'application individuelle d'un règlement général. Prenons, par exemple, l'interdiction édictée par le maire de tous cortèges ou processions, ayant un caractère religieux (2). L'arrêté est légal, il se réclame des articles 97 de la loi du 5 avril 1884 et 27 de la loi du 9 décembre 1905 (Cons. d'Etat, Sieur Fabry, 6 juillet 1917, p. 546). Les particuliers peuvent, d'ailleurs, dans la mesure où ils se croient fondés à le réclamer, demander une dérogation aux prescriptions du dit

1. On réduisait le nombre des ayants droit à indemnité.

2. Voici une espèce voisine : « Le maire use légalement de ses pouvoirs de police .. lorsqu'il édicte, dans un arrêté municipal, qu'aucune société ne pourra sortir sur le territoire de la commune, sans avoir, au préalable, obtenu l'autorisation de l'autorité municipale » (Cons. d'Etat, 9 février 1917, p. 132. Abbé Pierre).

Il ne faut pas alors que le refus d'autorisation soit motivé par des considérations étrangères au maintien de l'ordre (Gauthier et autres, 26 octobre 1917, p. 684).

arrêté. Ce faisant, ils mettent le maire dans une situation délicate : il ne doit pas refuser l'autorisation, au moyen de motifs étrangers au maintien de l'ordre public, et il ne doit, pas davantage, créer un monopole. Le refus, mal motivé, entraînera l'annulation de la décision du maire « considérant qu'il résulte des termes mêmes de la réponse adressée par le maire de la Motte d'Aveillans aux demandes successives d'autorisation, qui lui ont été adressées par le sieur Fabry, directeur de la Société de gymnastique la Vaillante, que les refus d'autorisation n'ont été inspirés par aucun motif tiré de la nécessité de maintenir l'ordre public ; que dès lors, le requérant est fondé à soutenir que les arrêtés précités sont entachés d'excès de pouvoir (3) » (Cons d'Etat, arrêt précité, Fabry). Le monopole créé, de toutes pièces par arrêté du maire, constitue, également, un détournement de pouvoir. Peu importe, la méthode, à laquelle on a sacrifié, pour protéger l'intérêt du particulier. Dans l'hypothèse de l'interdiction, on accorde une dérogation à une seule société, et on la refuse systématiquement à toutes les autres. Rien n'empêche, d'ailleurs, de faire rentrer l'illégalité dans les termes d'un unique arrêté prévoyant, à la fois, la prohibition, et l'exception remarquable, en faveur d'un administré ou d'un groupe d'administrés.

L'arrêté du maire, comme la loi, doit être général en ses dispositions. Des espèces assez curieuses sont venues démontrer que ce principe peut être assez habilement tourné. Des textes, présentés, sous la forme d'arrêtés réglementaires, peuvent être tellement minutieux dans leurs prescriptions, que seule une infime minorité en éprouvera quelque gêne. Bornons-nous à un exemple : sous un vague prétexte de salubrité, un maire fait défense d'élever et de conserver, sans autorisation, des paons et autres oiseaux assez rares (1). S'il s'agit d'un petit village, on peut mettre en quelque sorte au bas de l'arrêté le nom de la personne que le maire a voulu viser. L'illégalité doit être reconnue et poursuivie, d'autant plus vivement qu'elle se pare de formes extérieures habiles.

1. *R. G., A.* 1887, t. I, p. 199.
Les arrêtés préfectoraux qui refusent d'approuver les délibérations des conseils municipaux, et les actes du maire n'échappent pas au grief détournement de pouvoir ; le cas s'est présenté fréquemment, en ce qui touche la location des presbytères. Voir Cons. d'Etat : Commune de Randon, 10 juillet 1908; commune de Boujailles, 10 mars 1911. S. 12 3.41 sieur Lebon, 11 avril 1913.

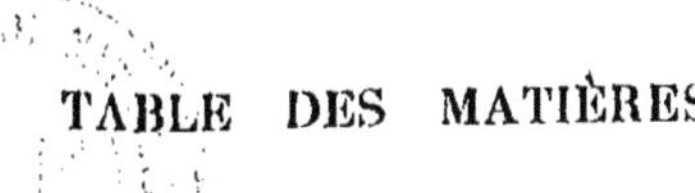

TABLE DES MATIÈRES

LIVRE DEUXIÈME

La théorie contenue dans les faits

Vu : Le Président de la thèse,
R. JACQUELIN

Vu : le Doyen
H. BERTHÉLEMY

Vu et permis d'imprimer
Le Recteur de l'Académie de Paris,
P. APPELL

Imprimerie Jouve et Cie, 15, rue Racine, Paris. — 6048-23

www.ingramcontent.com/pod-product-compliance
Ingram Content Group UK Ltd.
Pitfield, Milton Keynes, MK11 3LW, UK
UKHW021548260726
13993UKWH00002B/699

9 782329 200224